Elise Rahn

Absentismus: Wenn Mitarbeiter krankfeiern

Verborgene Chancen und Risiken für das mittlere Management

Bibliografische Information der Deutschen Nationalbibliothek:

Die Deutsche Nationalbibliothek verzeichnet diese Publikation in der Deutschen Nationalbibliografie; detaillierte bibliografische Daten sind im Internet über http://dnb.d-nb.de abrufbar.

Impressum:

Copyright © Studylab 2018

Ein Imprint der Open Publishing GmbH, München

Druck und Bindung: Books on Demand GmbH, Norderstedt, Germany

Coverbild: Open Publishing GmbH | Freepik.com | Flaticon.com | ei8htz

II

Inhaltsverzeichnis

1 Einleitung

Im internationalen Vergleich sind die Krankenstandstage in Deutschland sehr hoch.[1] Seit 2007 steigt die Krankenstandquote kontinuierlich an, auf aktuell 4,2 %.[2] Dies verursacht gerade für die Wirtschaft und bei den deutschen Unternehmen steigende Kosten in immenser Höhe.[3] Nicht nur bei Wissenschaftlern, sondern auch in der Politik erzeugt dieses Phänomen großes Interesse.[4] Damit einher geht der Wunsch bzw. die Notwendigkeit den Krankenstand zu verringern, um somit den Produktivitätsverlust der Unternehmen zu mindern.[5]

1.1 Problemlage und Zielsetzung

Viele Unternehmen bieten ihren Mitarbeitern[6] deshalb zur Gesunderhaltung verschiedene gesundheitsfördernde Programme an. Aber was ist mit den Beschäftigten, die nicht aus pathologischen Gründen „krankfeiern"?

---

[1] Vgl. Pietzner, G. (2007): Krankenstands- und Arbeitslosenquote in Deutschland. Eine ökonomische Perspektive. 1. Aufl. München: Hampp, S. 1

[2] Vgl. Bundesministerium für Gesundheit und Referat Öffentlichkeitsarbeit (2017), Daten aus dem Gesundheitswesen, Berlin, S. 20

[3] Vgl. Pietzner, G. (2007): Krankenstands- und Arbeitslosenquote in Deutschland, S. 2

[4] Vgl. Pietzner, G. (2007): Krankenstands- und Arbeitslosenquote in Deutschland, S. 2

[5] Vgl. Pietzner, G. (2007): Krankenstands- und Arbeitslosenquote in Deutschland, S. 2

[6] Zur Vereinfachung und leichteren Lesbarkeit wird im Lauftext für die einzelnen Personenkategorien nur die männliche Form gewählt. Nichtsdestoweniger bezieht sich die Angaben auf Angehörige beider Geschlechter.

Dieses Phänomen nennt man Absentismus. Dabei geht es um die Arbeitnehmer, die eigentlich in der Lage sind zu arbeiten, aber aus verschiedenen Gründen nicht wollen. Somit ist Absentismus, das motivationsbedingte Fernbleiben vom Arbeitsplatz, ein besonders wichtiges Thema für die Unternehmen.

Laut einer Umfrage aus 2012 sind 36 % der Befragten (17.562 Personen / 54 % Männer / 46 % Frauen) in den letzten 12 Monaten aus motivationsbedingten Gründen zu Hause geblieben.[7] Dadurch entstanden, entsprechend einer Statistik von 2009, den Unternehmen Kosten von 1.999,00 Euro pro Mitarbeiter.[8]

Auch einen Dienstleistungsbetrieb wie das Krankenhaus stellt der Absentismus in der Pflege vor hohe Herausforderungen. Hier geht es dann darum, bestehende Personalausfälle zu ersetzen, um den laufenden Betrieb und die Versorgung von kranken Menschen 24 Stunden / 7 Tage die Woche, aufrecht zu erhalten. Erschwerend kommt seit Januar 2004 die Umstellung auf ein pauschaliertes Vergütungssystem hinzu, den German Diagnosis Related Groups, kurz G-DRG-System (deutsch: diagnosebezogene (Fall-) Gruppen).[9] Dadurch hat der ökonomische Druck auf die deutschen Krankenhäuser in den letzten Jahren

---

[7] Vgl. https://de.statista.com/statistik/daten/studie/253053/umfrage/absentismus-und-praesentismus-im-krankheitsfall-in-deutschland/ (abgerufen, am 06.03.2018)

[8] Vgl. https://de.statista.com/statistik/daten/studie/191741/umfrage/unternehmenskosten-durch-praesentismus-pro-mitarbeiter-und-jahr/ (abgerufen, am 06.03.2018)

[9] Vgl. Flintrop, J. (2006): Die ökonomische Logik wird zum Maß der Dinge. Auswirkungen der DRG-Einführung. In: Deutsches Ärzteblatt 103 (46), A 3082–A 3085, S. A3082

zugenommen.[10] Dies wird sich womöglich in den nächsten Jahren unter den vorgegebenen demografischen und ordnungspolitischen Rahmenbedingungen nicht verbessern, sondern eher noch weiter verschärfen.[11]

Bereits heute sind die Auswirkungen der Ökonomisierung deutlich spürbar.[12] Aufgrund von Leistungsverdichtung und Einsparungen im Personalbereich sind die Krankenhausmitarbeiter einer deutlich höheren Belastung ausgesetzt.[13] Demotivation, Burnout und erhöhte Krankenstände sind die Folgen. Dies schwächt die wirtschaftliche Leistungsfähigkeit der Krankenhäuser.

> „Aus den Daten des statistischen Bundesamtes geht hervor, dass in den vergangenen Jahren mehr Ärzte an den bundesdeutschen Krankenhäusern eingesetzt wurden, die Anzahl der Pflegenden demgegenüber aber zurückging".[14]

Es stellt sich die Frage, welche Faktoren verbessert werden müssen, um die innerbetrieblichen Krankenstandstage zu reduzieren und Kosten einzusparen. Da Absentismus jedoch ein komplexes Phänomen darstellt, das durch individuelle, betriebliche, und gesellschaftspolitische Einflüsse bestimmt wird, gibt es keine einheitliche Formel oder spezielle Strategie, um

---

[10] Vgl. Marckmann, G. (2014): Zahlt sich Ethik aus? Notwendigkeit und Perspektiven des Wertemanagements im Krankenhaus. In: Evidenz, Fortbildung und Qualität im Gesundheitswesen (108), S.157-165, S. 157

[11] Vgl. Marckmann, G. (2014): Zahlt sich Ethik aus, S. 157

[12] Vgl. Marckmann, G. (2014): Zahlt sich Ethik aus, S. 157

[13] Vgl. Marckmann, G. (2014): Zahlt sich Ethik aus, S. 157

[14] Marckmann, G. (2014): Zahlt sich Ethik aus, S. 158

das Phänomen Absentismus zu senken.[15] Somit setzen sich viele wissenschaftliche Forschungsansätze aus Soziologie, Arbeitsmedizin, Psychologie und Personalwirtschaft unter unterschiedlichen Aspekten mit dem Arbeitgeber- und Arbeitnehmerverhalten des Absentismus auseinander.[16]

Gerade aus unternehmensinterner Sicht sind es vor allem die Führungskräfte und die Kollegen, die einen starken Einfluss auf die Arbeitsmotivation und das „Stresserleben", sowie dem daraus bedingten Absentismus ausüben (können).[17]

> „Denn Führungskräfte können durch ihr Verhalten fast alles ermöglichen, aber auch vieles verhindern oder sogar zerstören. Sie sind Dreh- und Angelpunkt für das wichtigste Kapital jedes Unternehmens: die Mitarbeiter."[18]

Da auch Aspekte wie der Hierarchiegradient und das Abhängigkeitsverhältnis eine wichtige Rolle spielen, muss davon ausgegangen werden, dass das Verhalten von Vorgesetzten eine besonders hohe Wirkung auf die Mitarbeitermotivation und somit auch auf den Absentismus haben kann.[19]

An diesem Punkt setzt die vorliegende wissenschaftliche Arbeit an. Sie untersucht, inwieweit das Verhalten der

---

[15] Vgl. Pietzner, G. (2007): Krankenstands- und Arbeitslosenquote in Deutschland, S. 2

[16] Vgl. Pietzner, G. (2007): Krankenstands- und Arbeitslosenquote in Deutschland. S. 2

[17] Vgl. Pietzner, G. (2007): Krankenstands- und Arbeitslosenquote in Deutschland. S. 2

[18] Badura, B., Ducki, A.; Schröder, H.; Klose, J.; Meyer, M. (Hrsg.) (2015): Fehlzeiten-Report 2015 // Neue Wege für mehr Gesundheit - Qualitätsstandards für ein zielgruppenspezifisches Gesundheitsmanagement. Berlin, Heidelberg: Springer. S. 36

[19] Vgl. Pietzner, G. (2007): Krankenstands- und Arbeitslosenquote in Deutschland. S. 2

Führungskräfte, insbesondere der Führungsstil, Einfluss auf den Absentismus hat und welche anderen Ansätze im Rahmen der Führungsfähigkeit bestehen um Absentismus zu reduzieren bzw. zu verhindern. Dahinter steht die übergreifende Frage, welche Möglichkeiten, aber auch Gefahren sich speziell für das mittlere Management ergeben.

In der vorliegenden Arbeit soll die Hypothese untersucht werden, ob das Führungsverhalten von Vorgesetzten einen besonders hohen Einfluss auf den Absentismus der Mitarbeiter nimmt und dieser durch den Führungsstil gefördert bzw. reduziert wird. Mit dem Schwerpunkt auf Ursachen und Einflussgrößen die den Absentismus bedingen, sollen folgende Fragen beleuchtet werden:

- Welche Ursachen und Einflüsse bedingen den Absentismus?

- Inwiefern beeinflusst der Führungsstil den Absentismus bei Mitarbeitern?

- Wo liegen die Grenzen der („gesunden") Führung?

- Gibt es Zusammenhänge zwischen dem Führungsstil und dem Absentismus der Mitarbeiter?

- Kann der Absentismus durch das Führungsverhalten bzw. den Führungsstil verringert bzw. verhindert werden?

- Kann der Absentismus durch das Führungsverhalten bzw. den Führungsstil entstehen bzw. verstärkt werden?

1.2 Aufbau und Methodik

Einleitend wurde sich in dieser Arbeit mit der Problemlage des Absentismus auseinandergesetzt und die Zielsetzung durch die Forschungsfragen bestimmt. Wie in allen weiteren Schritten, erfolgte zu Beginn eine Internetrecherche über die Suchmaschine „Google" und „Google Scholar". Die Auseinandersetzung mit der Literatur verfolgte nicht das Ziel einer systematischen Analyse, sondern hatte eher einen explorativen Charakter.

Eine umfassende Literaturrecherche in den wissenschaftlichen Datenbanken; Springer Link, Scorpus, Cochrane Library und PubMed zielte darauf ab, den zu untersuchenden Gegenstand möglichst weit gefasst zu überblicken, um die vielfältigen Aspekte des Phänomens beschreiben zu können.

Dadurch konnte in Kapitel 2 das Thema Absentismus eingehend beleuchtet und zunächst die notwendigen Begriffsbestimmungen definiert und die Ursachen und Einflussgrößen benannt werden. Infolge der Literaturrecherche wurde festgestellt, dass die Definitionen des Begriffes Absentismus vielfältig sind. Somit begrenzt sich die vorliegende Arbeit auf die Definition, des nichtkrankheitsbedingten, motivationalen Absentismus. Der Grund hierfür ist, dass die pathologische Form des Absentismus als ausschließlich krankheitsbedingtes Fernbleiben, somit keinerlei Verbindung mit dem Führungsstil der Führungsperson aufweist.

Kapitel 3 beleuchtet, anhand von Zahlen und Fakten, die Problemstellung um das Thema Absentismus aus der Unternehmensperspektive. Damit wird die Bedeutung, aber auch die Gefahr des Absentismus für die Wirtschaft dargestellt.

In dieser Arbeit soll der Zusammenhang zwischen dem Führungsstil und dem Absentismus untersucht werden, somit werden in Kapitel 4 die Begriffe Führung und Führungskultur erläutert und ein expliziter Blick auf die verschiedenen Führungsstile gelegt.

In Kapitel 5 wird anhand von Studien untersucht, ob das Führungsverhalten tatsächlich den Absentismus bedingt und welcher Führungsstil den Absentismus fördert oder reduziert. Eine intensive Literaturrecherche in den wissenschaftlichen Datenbanken; Springer Link, Scorpus, Cochrane Library und PubMed, erfolgte anhand folgender Suchbegriffe, die sowohl einzeln, wie auch in Kombination verwendet wurden: Absentismus, Führungsstil, Führungskultur, Personal, Krankenhaus, Pflegepersonal, Krankenstand, absenteeism, leadership (style), health care institution, sickness rates, employee satisfaction, specialty mental healthsetting, nursing administration research, healthcare worker und healthy leadership.

Literatur, die die pathologische Form des Absentismus thematisiert, wurde dabei ausgeschlossen (siehe oben). Weiterhin wurden Studien und Fachartikel ausgeschlossen, deren Ergebnisse sich nicht auf den europäischen und anglo-amerikanischen Raum beziehen, da die entsprechenden kulturellen, politischen und sozialen Strukturen nicht vergleichbar sind. In der Literaturrecherche wurde nach evidenzbasierten Antworten auf die relevanten Fragenstellungen gesucht. Die gefundenen Studien wurden nach ihrer Aussagekraft und wissenschaftlichen Evidenz ausgewählt. Nach einer ersten Sichtung der Ergebnisse wurden diejenigen relevanten Fachartikel und Studien ausgewählt, die dahingehend betrachtet werden, welche Auswirkungen das Führungsverhalten im Allgemeinen auf den Absentismus ausübt. Des Weiteren, richtete sich der Fokus auf die unterschiedlichen Führungsmodelle und deren Zusammenhänge mit dem Absentismus.

Somit lassen sich die Studien folgendermaßen kategorisieren:

- Einfluss des Führungsstils auf den Absentismus
- Auswirkungen des transformationalen Führungsstils
- Auswirkungen des transaktionalen Führungsstils
- Auswirkungen des autokraten bzw. autoritären Führungsstils
- Auswirkungen des situativen Führungsstils
- Auswirkungen des Laissez-faire-Führungsstiles.

Als Hauptteil dieser Arbeit stellt das Kapitel 6 die aus den recherchierten und kategorisierten Publikationen gewonnenen Erkenntnisse dar. Hier wird zum einem zu klären sein, ob die oben gestellte Hypothese bestätigt werden kann; zum anderen sollen in diesem Abschnitt die verborgenen Chancen und Risiken für das mittlere Management erörtert und skizziert werden.

Das Schlusskapitel 7 bildet das zusammenfassende Fazit, in dem alle Ergebnisse der Arbeit nochmals ausgeführt werden.

2 Absentismus: Definition, Modelle und Ursachen

Seit den sechziger Jahren, und mit der Einführung des Lohnfortzahlungsgesetzes 1964, gewann das Thema Absentismus in den deutschen Unternehmen noch einmal an Bedeutung.[20] Zu dieser Zeit wurde er als eine nicht geplante, sowie nicht planbare Abwesenheit von Mitarbeitern angesehen.[21]

2.1 Begriffserläuterung

In der Literatur wird der Begriff „Absentismus" unterschiedlich definiert. Die unterschiedlichen Definitionen von Absentismus rühren offenbar daher, dass mit demselben Fachbegriff drei unterschiedliche Ursachen bezeichnet werden. Zum einen das Fernbleiben vom Arbeitsplatz aus krankheitsbedingten Gründen und zum anderen die Abwesenheit aus nichtkrankheitsbedingtem, motivationalen Antrieb, sowie aufgrund einer Kombination beider Faktoren.[22] Die vorliegende Arbeit legt ihren Fokus auf die motivationsbedingten Beweggründe des Absentismus.

---

[20] Vgl. Marr, R. (1996): Absentismus. Der schleichende Verlust an Wettbewerbspotential. Göttingen: Verlag für angewandte Psychologie, In: Psychologie für das Personalmanagement S. 13

[21] Vgl. Marr, R. (1996): Absentismus, S. 13

[22] Vgl. Albach, H. (2001): Personalmanagement 2001. Wiesbaden: Gabler Verlag, S. 106

> „Dem Absentismus liegt allein die bewusste Entscheidung des Arbeitnehmers zugrunde, der Arbeit fernzubleiben, und er kann nicht durch objektiv medizinische Tatbestände, vertragliche oder gesetzliche Regelungen erklärt werden."[23]

Man unterscheidet zwei Indikatoren für Fehlzeiten: die Summen der Fehltage und die Häufigkeit der Fehltage.[24] Letzteres gibt Auskunft über die Anzahl der Abwesenheitsperioden, unabhängig von der Länge der einzelnen Perioden.[25] Die Häufigkeit von kürzeren Fehlzeiten (bis zu drei Tagen) gilt als Indikator für mangelnde Arbeitsmotivation und somit für Absentismus.[26] *„Als ‚verdächtig' in diesem Sinne gelten insbesondere ärztlich nicht attestierte Kurzerkrankungen [...]".*[27]

2.2 Absentismus-Modelle

Genauso vielfältig wie die Definitionen für den Begriff „Absentismus" sind auch die Motive für dessen Entstehung. Anhand der folgenden sechs Erklärungsmodelle sollen die Ursachen aufgeführt werden.

---

[23] Schmohl, M. (2014): Strategien zur Vermeidung betrieblicher Fehlzeiten. Darstellung am Beispiel einer fiktiven GmbH & Co. KG, Hamburg: Igel Verlag RWS, S. 10

[24] Vgl. Albach, H. (2001): Personalmanagement, S. 110

[25] Vgl. Albach, H. (2001): Personalmanagement, S. 110

[26] Vgl. Albach, H. (2001): Personalmanagement, S. 110

[27] Marr, R. (1996): Absentismus, S. 16

Rückzug-Modell

Als Rückzug-Modell wird das zeitweilige Zurückziehen von den unzufrieden machenden, negativen Seiten der Arbeitstätigkeit bezeichnet.[28] Zu den Motiven und Ursachen, die einen Rückzug eines Mitarbeiters bedingen, sind ein schlechtes Betriebs- bzw. Arbeitsklima, die fehlende Integration ins Team und die zwischenmenschliche Beziehung zum Vorgesetzten zu nennen.[29] Dazu kommt die mangelnde Wertschätzung und Befriedigung der psychophysiologischen Grundbedürfnisse. Auch gelten geringe Bezahlung, ungünstige Arbeitszeiten und schlechte Arbeitsbedingungen als Motive für Absentismus bei Mitarbeitern.[30]

Medizinisches Modell

Der Absentismus im medizinischen Modell bezieht sich auf das Gesundheitsverhalten der Mitarbeiter. Ist die physische und psychische Gesundheit durch Umgebungseinflüsse beeinträchtigt, gilt der Absentismus als Ausdruck einer Stressbewältigungsstrategie.[31] Gründe, die im medizinischen Modell zu Absentismus führen, liegen im Gesundheitszustand und mangelnden Gesundheitsbewusstsein eines Mitarbeiters. Zudem

---

[28] Vgl. Ziegler, E.; Udris, I.; Büssing, A.; Boos, M.; Baumann, U. (1996): Ursachen des Absentismus: Alltagsvorstellungen von Arbeitern und Meistern und psychologische Erklärungsmodelle. In: Zeitschrift für Arbeits- und Organisationspsychologie (40), S. 204

[29] Vgl. Ziegler, E.; Udris, I.; Büssing, A.; et al. (1996), Ursachen des Absentismus, S. 205

[30] Vgl. Ziegler, E.; Udris, I.; Büssing, A.; et al. (1996), Ursachen des Absentismus, S. 205

[31] Vgl. Ziegler, E.; Udris, I.; Büssing, A.; et al. (1996), Ursachen des Absentismus, S. 205

kommen belastende und krankmachende Bedingungen am Arbeitsplatz hinzu.[32] In Kombination mit dem Rückzug-Modell kann dies auch eine Ausdehnung der Fehlzeiten bedingen.[33] Wie beim Rückzug-Modell können Nebentätigkeit, Schichtarbeit, Mehrarbeit und Überforderung zur Überbelastung des Mitarbeiters führen, wovon er sich in Form einer Stressbewältigungsstrategie eine Auszeit nimmt. Dazu können weitere individuelle Belastungen wie Suchtverhalten, krankmachende familiäre Verpflichtungen sowie private Probleme und Schlafstörungen kommen.[34]

Abweichendes Modell

Der Absentismus äußert sich bei dieser Variante durch das nicht legitime Verhalten der Mitarbeiter.[35]

> „Es gilt als Versuch, das System durch Verletzungen seiner Regeln zu unterlaufen und wird als Ergebnis unvollständiger Sozialisation und Internalisierung von Werten angesehen".[36]

Die Entgeltfortzahlung im Krankheitsfall ist eine Form, das Unternehmen auszunutzen. Weiter äußert sich das abweichende Absentismus-Modell in den devianten Aspekten der

---

[32] Vgl. Ziegler, E.; Udris, I.; Büssing, A.; et al. (1996), Ursachen des Absentismus, S. 205

[33] Vgl. Ziegler, E.; Udris, I.; Büssing, A.; et al. (1996), Ursachen des Absentismus, S. 205

[34] Vgl. Ziegler, E.; Udris, I.; Büssing, A.; et al. (1996), Ursachen des Absentismus, S. 206

[35] Vgl. Ziegler, E., Udris, I., Büssing, A., et al. (1996), Ursachen des Absentismus, S. 205

[36] Ziegler, E., Udris, I., Büssing, A., et al. (1996), Ursachen des Absentismus, S. 205

Persönlichkeit wie mangelndes Verantwortungsgefühl gegenüber dem Unternehmen bzw. dem Arbeitgeber und den Kollegen.[37]

Ökonomisches Nutzen-Modell

Beim ökonomischen Nutzen-Modell, wiegt der Betroffene seine Entscheidung für oder gegen die Abwesenheit zweckrational ab, wobei die Kosten und das Nutzen des eigenen Verhaltens zu einer Optimierung der Entscheidung und Eigeninteressen führt.[38]

Kultureller Ansatz

Der kulturelle Ansatz dieses Absentismus-Modell unterliegt dem sozialen Einfluss. Das Handeln des Fehlzeitenverhalten richtet sich nach der Bewertung der Kollegen und Vorgesetzten. Die verschiedenen Arbeitsstrukturen haben ihre spezifischen Absentismus- „Kulturen", welche zu einem unterschiedlichen (Un-)Verständnis, einer Wahrnehmung sowie Bewertung führt und den Umgang mit diesem Fehlen bestimmt.[39]

---

[37] Vgl. Ziegler, E., Udris, I., Büssing, A.; et al. (1996), Ursachen des Absentismus, S. 205

[38] Vgl. Ziegler, E., Udris, I., Büssing, A., et al. (1996), Ursachen des Absentismus, S. 205

[39] Vgl. Udris, I.: Absentismus – Definitionen, Formen, Erklärungsmodelle. Eidgenössische Technische Hochschule Zürich. Zürich. Online verfügbar unter http://www.individual-coaching.ch/pdf/absentismus.pdf. (abgerufen, am 3.3.2018), S. 1

Konflikt-Ansatz

> "Abwesenheit als eine Form des `unorganisierten Konflikts´, als Ausdruck eines Sich-entziehens aus der Kontrolle durch Führungskräfte, als informelle Alternative zu Streiks".[40]

Das Fernbleiben vom Arbeitsplatz fungiert als Reaktion auf einen Konflikt und dient dem Zweck sich dem Handlungsfeld der Führungskraft zu entziehen.[41]

2.3 Einflussgrößen und Ursachen für den Absentismus

Ein weiterer Grund für den Absentismus ist der „work-home-conflict", wie er sich an einem Beispiel eines Krankenhauses darstellt. In der Studie von Nitzsche, et al. (2017), wurde untersucht, wie sich der „work-home-conflict" auf den Absentismus bei Mitarbeitern in der Klinik auswirkt.[42] Hier bestand der Konflikt der Krankenhausmitarbeiter im Arbeitszeitenmodell. Familiäre und private Belange sowie die Anforderungen an den Beruf zeitlich zu integrieren, führen immer wieder zu intrinsischen Konflikten bei den Mitarbeitern.

In der Focus Gruppen Studie von Notenbomer, A.; et al. (2016), wurde untersucht, welche Gründe zum Absentismus führen, hier insbesondere Fehlzeiten von weniger als 3 Tagen

---

[40] Udris, I. (2004): Absentismus-Definitionen, Formen, Erklärungsmodelle, S. 1

[41] Vgl. Udris, I. (2004): Absentismus-Definitionen, Formen, Erklärungsmodelle, S. 1

[42] Vgl. Nitzsche, A.; Kuntz, L.; Miedaner, F. (2017): Staff working in hospital units with greater social capital experience less work-home conflict. Secondary analysis of a cross-sectional study. In: International journal of nursing studies 75, S. 139.

mehrmals im Jahr.[43] Das Ziel der Untersuchung war es, ein Bewusstsein hierfür zu schaffen, die Determinanten zu ermitteln und Lösungen für häufige Fehlzeiten herauszufinden.[44] Als Determinanten führten die Teilnehmer Arbeitsanforderungen, Arbeitsressourcen, häusliche Anforderungen, schlechte Gesundheit, chronische Krankheiten, ungesunde Lebensweise und ein vermindertes Gefühl der Verantwortung an.[45]

Eine andere Publikation aus den Niederlanden von Elshout, et al. (2017), hat gezeigt, dass eine Verbindung zwischen dem Führungsstil, der Arbeitszufriedenheit und dem Absentismus besteht.[46] Ein weiterer Faktor, der oft vernachlässigt wird, aber in dieser Studie Berücksichtigung fand, ist der organisatorische Wandel.[47] Hier wurde untersucht, welchen Einfluss das Führungsverhalten in Zeiten von Re- und Umstrukturierungsprozessen in einem Krankenhaus hat und welcher Führungsstil sich als zielführend in so einer Situation zeigt. Dies ist in der

---

[43] Vgl. Notenbomer, A.; Roelen, C. A. M.; van Rhenen, W.; Groothoff, J. W. (2016): Focus Group Study Exploring Factors Related to frequent Sickness Absence, In: PloS one 11 (2), S. 1

[44] Vgl. Notenbomer, A.; Roelen, C., v. Rhenen, W., et al. (2016): Focus Group Study, S.1

[45] Vgl. Notenbomer, A.; Roelen, C.; v. Rhenen, W., et al. (2016): Focus Group Study, S. 1

[46] Vgl. Elshout, R.; Scherp, E.; van der Feltz-Cornelis, C. M. (2013): Understanding the link between leadership st yle, employee satisfaction, and absenteeism. A mixed methods design study in a mental health care institution. In: Neuropsychiatric disease and treatment 9, S. 823–837, S. 823

[47] Vgl. Elshout, R.; Scherp, E.; v. d. Feltz-Cornelis, C. M. (2013): Understanding the link between leadership style, employee satisfaction, and absenteeism, S. 824

heutigen Zeit ein wichtiger Faktor und benötigt eine besondere Art der Führung und Motivation der Mitarbeiter.[48]

Gesundheit / Krankheit

Vielfach wird Absentismus in der Literatur auch als ein Krankheitszustand beschrieben bzw. mit diesem in engem Zusammenhang gestellt. Es lässt sich demnach nicht ausschließen, dass Arbeitsbedingungen auch „krankmachend" sind.

Die Gesundheit wird von der World Health Organization (WHO, deutsch: Weltgesundheitsorganisation) nicht nur allein als die Freiheit von Krankheit beschrieben, sondern als ein Zustand vollkommenen körperlichen, geistigen und sozialen Wohlbefindens definiert.[49] Demnach ist die Gesundheit weniger ein Zustand, vielmehr ein aktiver Gestaltungs- und Entwicklungsprozess, der die Fähigkeit und Bereitschaft einer Person einschließt, aktuell wie auch zukünftig dieses Gleichgewicht zu erhalten und wiederherzustellen und damit ein sozial aktives und wirtschaftliches Leben zu führen.[50]

Diese Anschauung wurde wegweisend durch das Konzept der Salutogenese geprägt.[51] Sie ergänzt die klassische Perspektive

---

[48] Vgl. Elshout, R.; Scherp, E.; v. d. Feltz-Cornelis, C. M. (2013): Understanding the link between leadership style, employee satisfaction, and absenteeism, S. 824

[49] Vgl. Conzen, C.; Freund, J.; Overlander, G. (2009): Pflegemanagement heute. Ökonomie, Personal, Qualität: verantworten und organisieren. 1. Aufl. München: Elsevier Urban & Fischer, S. 192

[50] Vgl. Conzen, C.; Freund, J.; Overlander, G. (2009): Pflegemanagement heute, S. 192

[51] Vgl. Menche, N.; Asmussen-Clausen, M. (Hrsg.) (2011): Pflege heute. Lehrbuch für Pflege berufe. 5., vollst. überarb. Aufl. München: Elsevier Urban & Fischer, S. 196

des „Was macht den Menschen krank" um die Perspektive des „Was hält den Menschen gesund" und stellt Faktoren, durch die die Gesundheit erhalten, aktiv aufgebaut oder wiederhergestellt werden kann in den Fokus.[52]

Die Gesundheit besteht aus dem Trias, des biologischen, psychischen und soziologischen Aspekts.[53] Gerade das Wechselspiel von Körper, Psyche und sozialen Umständen wurde lange unterschätzt.[54] Heute ist man sich bewusst, dass eine biopsychosoziale Wechselwirkung von verschiedenen (multifaktoriellen) Einflussfaktoren die Gesundheit und Krankheit bestimmen.[55] Somit stellt die psychische Gesundheit, im Zusammenhang mit den arbeitsbezogenen Einflussfaktoren, einen wichtigen Aspekt dar.[56]

Krankheit und Gesundheit steht immer im engen Zusammenhang mit dem eigenen subjektiven Wohlbefinden.[57]

„Man ist immer so krank, wie man sich fühlt".[58]

Demgegenüber steht der Begriff der Krankheit, der durch Gesetze des Bundesgerichtshofs[59] und des Bundessozialgerichts[60] objektiv definiert werden. Darüber hinaus versteht man

---

[52] Vgl. Menche, N.; Asmussen-Clausen, M. (2011): Pflege heute, S. 196

[53] Vgl. Menche, N.; Asmussen-Clausen, M. (2011): Pflege heute, S. 193

[54] Vgl. Menche, N.; Asmussen-Clausen, M. (2011): Pflege heute, S. 193

[55] Vgl. Menche, N.; Asmussen-Clausen, M. (2011): Pflege heute, S. 193

[56] Vgl. Menche, N.; Asmussen-Clausen, M. (2011): Pflege heute, S. 193

[57] Vgl. Menche, N.; Asmussen-Clausen, M. (2011): Pflege heute, S. 193

[58] Menche, N.; Asmussen-Clausen, M. (2011): Pflege heute, S. 193

[59] Vgl. BGH, Urteil vom 21. März 1958, Az.: 2 StR 393/57

[60] Vgl. § 120 Abs. 1 Ziffer 1 ASVG

Krankheit als Einhergehen der erlebten Symptome mit den subjektiven Erfahrungen des Verlustes von Gesundheit.[61]

Einflussfaktoren auf die Gesundheit

Durch die komplexe Umwelt, in der Menschen arbeiten und leben, wirken multifaktorielle Einflüsse auf deren Gesundheit ein. Dazu gehören nicht nur äußere Einwirkungen der sozialen, ökonomischen, kulturellen und physischen Umwelt sowie Arbeits- und Lebensbedingungen, sondern auch personenbezogene Faktoren wie Familie, Wohnort, Lebensstil, Geschlecht, Alter und Erbanlagen.[62]

Psychische Belastungen

Untersucht man den Faktor Arbeitsbedingung in Bezug auf die menschliche Gesundheit, kommt man nicht an dem Begriff „Stress und Stresserleben" vorbei.[63] Man unterscheidet zwischen dem Stimulus, einem bestimmten Reiz, und dem Respons, einer bestimmten Antwort auf den bestimmten Reiz.[64] H. Selye unterscheidet zwischen „Eustress" und „Disstress", wobei der Eustress „der gute Stress" ist.[65] Diese Form des Stresses hat eine positive Auswirkung auf die Gesundheit des Individuums, da eine Herausforderung erfolgreich bewältigt wurde, was als stimulierender und anregender Stress empfunden wird.[66] Der „Disstress" hat eine schädliche,

---

61 Vgl. Menche, N.; Asmussen-Clausen, M. (2011): Pflege heute, S. 193

62 Vgl. Menche, N.; Asmussen-Clausen, M. (2011): Pflege heute, S. 193

63 Vgl. Menche, N.; Asmussen-Clausen, M. (2011): Pflege heute, S. 201

64 Vgl. Menche, N.; Asmussen-Clausen, M. (2011): Pflege heute, S. 200

65 Vgl. Menche, N.; Asmussen-Clausen, M. (2011): Pflege heute, S. 201

66 Vgl. Menche, N.; Asmussen-Clausen, M. (2011): Pflege heute, S. 201

überfordernde und krankmachende Wirkung auf das Individuum.[67] Er wird als lähmend und handlungsunfähig empfunden.[68] Ist der Mensch anhaltendem „Disstress" ausgesetzt ohne die Möglichkeit einer Regenerationsphase zur Wiederherstellung seiner Energie- und Widerstandsressourcen, so kommt es zum allgemeinen Adaptationssyndrom.[69] Dieser dauerhaft wahrgenommene „Disstress" kann zu psychischen Belastungen führen und das Individuum langfristig „krank machen".[70] 2013 litten rund 18,9 Millionen Erwerbstätige unter einer physischen und/oder psychischen Belastung, bedingt durch den Arbeitsplatz. Dies entspricht 46 % aller Befragten, wovon 16,6 % der Erwerbstätigen eine Beeinträchtigung des seelischen Wohlbefindens durch arbeitsbezogene Faktoren als Grund nannten.[71] Durch die hohen psychischen Belastungen wurde bei 40,7 % der 1.946 befragten Pflegekräfte ein hohes Burnout-Ausmaß festgestellt, bei 11 % sogar eine „besonders hohe" Burnout-Beeinträchtigung. Eine Abweichung über das Burnout-Ausmaß hinsichtlich Alter oder Geschlecht konnte nicht festgestellt werden, lediglich in Bezug auf die Position. So wiesen Führungspersonen in der Pflege ein wesentlich geringeres Burnout-Ausmaß auf als Pflegekräfte ohne Führungsstatus.[72]

---

[67] Vgl. Menche, N.; Asmussen-Clausen, M. (2011): Pflege heute, S. 201

[68] Vgl. Menche, N.; Asmussen-Clausen, M. (2011): Pflege heute, S. 201

[69] Vgl. Menche, N.; Asmussen-Clausen, M. (2011): Pflege heute, S. 201

[70] Vgl. Menche, N.; Asmussen-Clausen, M. (2011): Pflege heute, S. 201

[71] Vgl. Badura, B.; Ducki, A.; Schröder, H.; Klose, J.; Meyer, M. (Hrsg.) (2015): Fehlzeiten- Report 2015 // Neue Wege für mehr Gesundheit - Qualitätsstandards für ein zielgruppenspezifisches Gesundheitsmanagement. Berlin, Heidelberg: Springer, S. 18

[72] Vgl. Badura, B.; Ducki, A.; Schröder, H.; et al. (2015): Fehlzeiten- Report 2015, S. 75

3 Absentismus am Arbeitsplatz

Anhand von Zahlen lässt sich Absentismus nur schwer belegen. Dies liegt auf der einen Seite daran, dass Fehlzeiten bis zu drei Tagen statistisch nicht erfasst werden, da gesetzlich keine Krankmeldung beim Arbeitgeber vorgelegt werden muss und somit keine Meldung an die gesetzlichen Krankenkassen geht. Auf der anderen Seite werden vielfach keine wahrheitsgemäßen Angaben über Gründe für Krankheitsstände gemacht.

3.1 Zahlen und Fakten

Geht man von den gesamten Krankheitstagen in den letzten 10 Jahren in Deutschland aus, so lässt sich ein kontinuierlicher Anstieg feststellen.[73] Waren es im Jahr 2006 noch 3,31 % der gesetzlich krankenversicherten Arbeitnehmer die sich krankgemeldet haben, stieg der Wert 2016 schon auf 4,25 %.[74] Die durchschnittlichen Arbeitsunfähigkeitstage beliefen sich im Jahr 2016 auf 17,4 Tage laut den BKK (Betriebskrankenkassen).[75] Die Gesundheitsausgaben betrugen 278 Mrd. € für den Bund und 129 Mrd. € für die Unternehmen.[76] Der Krankenstand in der Pflege ist in den vergangenen vier Jahren um 0,6 %

---

[73] Vgl. Bundesministerium für Gesundheit und Referat Öffentlichkeitsarbeit 2017, S. 20

[74] Vgl. Bundesministerium für Gesundheit und Referat Öffentlichkeitsarbeit 2017, S. 20

[75] Vgl. https://de.statista.com/statistik/daten/studie/251313/umfrage/durchschnittliche-anzahl-vonarbeitsunfaehigkeitstagen-je-versicherten/, (abgerufen, am 05.03.2018)

[76] Vgl. https://de.statista.com/statistik/daten/studie/251313/umfrage/durchschnittliche-anzahl-vonarbeitsunfaehigkeitstagen-je-versicherten/ (abgerufen, am 05.03.2018)

gestiegen. Damit liegt er 1,4 % über dem bundesweiten Durchschnitt und ist 0,2 Prozentpunkte schneller gestiegen als dieser.[77]

3.2 Berufsspezifische Fehlzeitenursachen

Die Ursachen für Fehlzeiten lassen sich anhand des Berufszweiges und Berufsstandes unterscheiden.[78] Somit hängt sowohl das Ausmaß und die Häufigkeit der Fehlzeiten als auch die Art der Erkrankungen, deutlich mit der Art der ausgeübten Tätigkeit zusammen.[79] Die Gründe für die Höhe der Fehlzeiten liegen vor allem in den berufsspezifischen Anforderungsprofilen.[80] Arbeitnehmer im Dienstleistungssektor, leiden nach dem Fehlzeiten-Report von 2017, häufiger an psychischen Erkrankungen als andere Berufsgruppen.[81] Weiterhin zeigt der Fehlzeiten-Report 2017 auf, dass Pflegende weitaus höher an psychischen Erkrankungen leiden als andere Berufsgruppen.[82] In der Pflege könnten die deutlich höheren Werte der

---

[77] Vgl. Badura, B.; Ducki, A.; Schröder, H.; Klose, J.; Meyer, M. (Hrsg.) (2017): Fehlzeiten-Report 2017 // Empfehlungen und Leitlinien als Handlungsform der Europäischen Finanzaufsichtsbehörden. Eine dogmatische Vermessung. Berlin, Heidelberg: Springer, S. 402

[78] Vgl. Badura, B.; Ducki, A.; Schröder, H., et al. (2017): Fehlzeiten-Report 2017, S. 282

[79] Vgl. Badura, B.; Ducki, A.; Schröder, H.; et al. (2017): Fehlzeiten-Report 2017, S. 282

[80] Vgl. Badura, B.; Ducki, A.; Schröder, H.; et al. (2017): Fehlzeiten-Report 2017, S. 282

[81] Vgl. Badura, B.; Ducki, A.; Schröder, H.; et al. (2017): Fehlzeiten-Report 2017, S. 282

[82] Vgl. Badura, B.; Ducki, A.; Schröder, H.; et al. (2017): Fehlzeiten-Report 2017, S. 282

psychischen Erkrankungen u. a. auf den wachsenden Pflege-notstand, z. B. durch Personalmangel, Stress, Schichtarbeit, mangelnde Erholungsphasen und die damit verbundene steigende Arbeitslast und höhere Verantwortung zurückzuführen sein.

3.3 Ökonomische Folgen für Unternehmen

Produktivitätsverlust ist die erste und messbare Auswirkung des Absentismus für ein Unternehmen. Die dadurch entstehenden Kosten setzen sich aus direkten und indirekten Kosten zusammen, die in der Höhe variieren können.[83] Entgeltfortzahlungsaufwendungen für mindestens 6 Wochen gehören zu den direkten Kosten.[84] Dazu zählen auch die Personalzusatzkosten, die aufgrund gesetzlicher und tariflicher Bestimmungen im Krankheitsfall weiterhin zu der Vergütung arbeitsfreier Tage zählen. In diesen Fällen wird also ein Lohn gezahlt, ohne dass dem eine unmittelbare Arbeitsleistung entgegensteht.[85] Aus ökonomischer Sicht ist die Kostenbelastung durch Lohnfortzahlung nicht unerheblich.

Indirekte Kosten, die durch Produktivitätsausfall entstehen, verursachen eine Umsatzminderung.[86] Zum einen bedingt

---

[83] Vgl. Pietzner, G. (2007): Krankenstands- und Arbeitslosenquote in Deutschland, S. 18

[84] Vgl. Pietzner, G. (2007): Krankenstands- und Arbeitslosenquote in Deutschland, S. 18

[85] Vgl. Pietzner, G. (2007): Krankenstands- und Arbeitslosenquote in Deutschland, S. 18

[86] Vgl. Pietzner, G. (2007): Krankenstands- und Arbeitslosenquote in Deutschland, S. 20

durch das kurzfristige Ersetzen des fehlenden Mitarbeiters, um seine Aufgaben durch andere verrichten zu lassen; zum anderen durch Kapitalkosten von nicht genutztem Anlagevermögen.[87] Weitere Kosten können sich durch die anfallenden Überstunden ergeben, die in der Regel zuschlagspflichtige Arbeitsstunden darstellen.[88] Die notwendige Mehrarbeit der anwesenden Mitarbeiter, kann eklatante Motivationsprobleme und wiederum zusätzliche Kosten verursachen.[89] Ist das Unternehmen nicht in der Lage, die Aufgaben von abwesenden Mitarbeitern an anwesende Mitarbeiter zu delegieren, kann dies zu weiteren Schwierigkeiten und Produktionsausfällen führen.[90]

> „Über die Höhe dieser Kosten liegen nur Schätzungen vor. Zudem können die Kosten zwischen den Betrieben aufgrund unterschiedlicher Produktionsprozesse, Kapitalausstattungen und Arbeitsorganisationsformen differieren".[91]

Hierzu bieten die unterschiedlichsten Experten verschiedene Möglichkeiten zur Berechnung der tatsächlichen Kosten an.[92]

---

[87] Vgl. Pietzner, G. (2007): Krankenstands- und Arbeitslosenquote in Deutschland, S. 20

[88] Vgl. Pietzner, G. (2007): Krankenstands- und Arbeitslosenquote in Deutschland, S. 20

[89] Vgl. Pietzner, G. (2007): Krankenstands- und Arbeitslosenquote in Deutschland, S. 20

[90] Vgl. Pietzner, G. (2007): Krankenstands- und Arbeitslosenquote in Deutschland, S. 20

[91] Pietzner, G. (2007): Krankenstands- und Arbeitslosenquote in Deutschland, S. 21

[92] Vgl. Pietzner, G. (2007): Krankenstands- und Arbeitslosenquote in Deutschland, S. 21

> „Zu beachten bei diesen Berechnungen ist, dass der tatsächliche Produktionsausfall geringer sein dürfte, da fehlende Mitarbeiter ersetzt werden (können). Die Zahlen sind daher eher mit Vorsicht zu interpretieren".[93]

Gerade in der Pflege kann dies schwerwiegende Konsequenzen für den kompletten Arbeitsablauf in einem Krankenhausbetrieb mit sich ziehen. Denn hier ist das Stationsteam auf den Beitrag der einzelnen Pflegekräfte besonders angewiesen um die Rundum-Betreuung kranker Patienten zu gewährleisten.

---

[93] Pietzner, G. (2007): Krankenstands- und Arbeitslosenquote in Deutschland, S. 21

4 Führung und Absentismus

Im Folgenden wird sich mit den Themen Führung, Führungskultur und Führungsstile beschäftigt. Der Fokus dieses Kapitels liegt in der Untersuchung verschiedener Führungsstile und deren Auswirkung auf die Geführten.

4.1 Führung

Die zielorientierte Planung, Strukturierung und Kontrolle einer ganzen Organisation wird von der umfassenden Unternehmensführung als Führung verstanden. Diese Führung fordern die Unternehmen von ihren Führungskräften ein.[94] Führung wird in zwei Bereiche unterteilt. Zum einen in die individuelle Perspektive, welche das Management als Führungsstruktur bezeichnet, zum anderen in die funktionale Perspektive, womit die notwendigen Handlungen gemeint sind, die für die Leitung eines Unternehmens erforderlich sind.[95] Die Führung von Menschen zählt zu den Teilfunktionen der Unternehmensführung und bezieht sich auf das sozial-funktionale Verständnis der zielgerichteten Verhaltensbeeinflussung eines oder mehrerer Mitarbeiter in einer interaktionalen Beziehung auf die Einhaltung bzw. Erreichung bestimmter Werte und Ziele der Organisation.[96]

---

[94] Vgl. Schirmer, U.; Woydt, S. (2016): Mitarbeiterführung. 3. Aufl. Berlin, Heidelberg: Gabler, S. 1

[95] Vgl. Schirmer, U.; Woydt, S. (2016): Mitarbeiterführung, S. 1

[96] Vgl. Schirmer, U.; Woydt, S. (2016): Mitarbeiterführung, S. 2

4.2 Führungskultur

Die Grenzen des individuellen Führungsverhaltens werden durch die Führungskultur und dem damit einhergehenden strukturellen Führungsrahmen definiert.[97] Die Führungskultur erwächst aus dem Unternehmen und wird von jedem Einzelnen getragen.[98] Sie setzt sich aus den Führungsgrundsätzen (Normen), der Führungsphilosophie (Werte) und der Führungspolitik (Ziele) zusammen.[99] Diese Komponenten werden in den meisten Unternehmen in den Führungsgrundsätzen formuliert. Für Unternehmen die nach DIN EN ISO 9001:2015 zertifiziert sind, stellt die Unternehmenskultur ein Teilkriterium zur Erlangung des Zertifikats dar.[100] Die Norm verlangt es, eine entsprechende Unternehmenskultur aufzubauen, sie zu erhalten und zu einem integralen Bestandteil des täglichen Handelns zu machen.[101]

Die Bandbreite der Führungskultur und ihrer Auswirkungen, in den deutschen Unternehmen ist vielfältig. Auf der einen Seite wird ein kooperativer, moderner Führungsstil gelebt. Dieser baut auf Teamwork und Transparenz unter den Kollegen auf, er weist Rollen, Aufgabengebiete und Entscheidungsbefugnisse zu. Weiter fördert der kooperative, moderne Führungsstil den Gedankenaustausch und die Kommunikationskultur und setzt auf die persönliche und fachliche Weiterbildung der

---

[97] Vgl. Schirmer, U.; Woydt, S. (2016): Mitarbeiterführung, S. 6

[98] Vgl. Schirmer, U.; Woydt, S. (2016): Mitarbeiterführung, S. 6

[99] Vgl. Schirmer, U.; Woydt, S. (2016): Mitarbeiterführung, S. 5

[100] Vgl. Hager, R. (2015): Qualitätsmanagementsysteme -Anforderungen (ISO 9001:2015). DIN. Berlin: Beuth, S. 21

[101] Vgl. Hager, R. (2015): Qualitätsmanagementsysteme.-.Anforderungen, S. 21

Mitarbeiter. Auf der anderen Seite herrschen Befehlsempfang, Kontrolle, Anordnungen, Dienstanweisungen und Vorgaben aus einer abgeschotteten Führungsetage, die nicht mehr viel mit dem täglichen Geschäft der Mitarbeiter zu tun hat.

4.3 Führungsstil

> "Unter Führungsstil versteht man die Art und Weise, in der Führungskräfte ihre Führungsfunktion ausüben".[102]

Wesentlich dabei ist das zeitlich anhaltende, idealtypische und, in Bezug auf verschiedene Situationen, stetige Führungsverhalten. Einzelne und für die Führungspersönlichkeit untypische Verhaltensweisen fallen nicht unter diesen Begriff.[103] In der Psychologie typisierte Führungsstile treten in der Realität meist in Mischformen auf, nur vereinzelt noch in ihrer Reinform. Bevor die unterschiedlichen Führungsstile genauer skizziert werden, sei herausgestellt, dass es nicht „den" richtigen Führungsstil gibt.[104]

In der Literatur werden verschiedene Führungsstile beschrieben. Sie lassen sich grob in zwei Kategorien in ihrer Form der Ausführung unterteilen. Den Menschen als Objekt und Mittel zum Zweck und in den Menschen als Subjekt und Selbstzweck. Welche Führungsmethode geeignet ist, Werte wie Leistung, Qualität oder Kreativität zu maximieren, hängt vor allem von

---

[102] Geyer, H. (2013): Praxiswissen BWL. Crashkurs für Führungskräfte und Quereinsteiger. Freiburg: Haufe-Lexware, S. 481

[103] Vgl. Geyer, H.(2013): Praxiswissen BWL, S. 481

[104] Vgl. Frey, D.; Schmalzried, L.- K. (2013): Philosophie der Führung. Gute Führung lernen von Kant, Aristoteles, Popper & Co. Berlin, Heidelberg: Springer, S. 36

der Individualität der Führungsperson und der Mitarbeiter ab, aber auch von der Teamstruktur wie der Situation und der Aufgabe.[105] Durch die verschiedenen Führungsformen hat die Führungskraft die Möglichkeit, die Sehnsüchte und Bedürfnisse der beteiligten Adressaten zu erfüllen.[106]

> „Außerdem sind unterschiedliche Führungsstile, je nach Situation und beteiligten Personen, auch aus moralischer Sicht angemessen".[107]

Je nach wirtschaftlichen und gesellschaftlichen Konstellationen wurden unterschiedliche Führungsstile bevorzugt, beforscht und weiterentwickelt.[108] Im Folgenden sollen die »Klassiker«, wie auch die aktuellsten und heißdiskutiertesten Führungsstile vorgestellt und kurz auf ihre positiven und negativen Konsequenzen eingegangen werden.[109]

---

[105] Vgl. Frey, D.; Schmalzried, L.- K. (2013): Philosophie der Führung, S. 36

[106] Vgl. Frey, D.; Schmalzried, L.- K. (2013): Philosophie der Führung, S. 37

[107] Vgl. Frey, D.; Schmalzried, L.- K. (2013): Philosophie der Führung, S. 37

[108] Vgl. Frey, D.; Schmalzried, L.- K. (2013): Philosophie der Führung, S. 36

[109] Vgl. Frey, D.; Schmalzried, L.- K. (2013): Philosophie der Führung, S. 36

Führungsstil nach Lewin (1939)

Kurt Lewin (1890-1947), Begründer der klassischen Führungsstile, unterscheidet zwischen autoritären, kooperativen bzw. demokratischen und Laissez-faire-Führungskonzepten. Sie gehören zu den eindimensionalen Führungsstilen.[110]

Der autoritäre Führungsstil drückt sich durch das Über- und Unterordnungsverhältnis, bzw. durch Befehl und Gehorsam aus.[111] Hier herrscht eine starke Lenkung und Kontrolle durch die Führungsperson, der allein die Entscheidungs- und Handlungsbefugnis obliegt.[112]

Der demokratische bzw. kooperative Führungsstil zeichnet sich durch die wesentlichen Merkmale der Einbeziehung der Mitarbeiter in die betrieblichen Entscheidungen und der Einräumung eines Mitspracherechts aus.[113] Bei diesem Führungsstil wird Wert auf Vertrauen und Toleranz gelegt.[114]

Beim Laissez-faire-Führungsstil (franz.: Treibenlassen) wird weitgehend auf Führung verzichtet oder sie fehlt im eigentlichen Sinne. Somit handelt es sich bei dem Laissez-faire-Führungsstil um ein sehr passives und ineffektives Führungsverhalten seitens der Führungsperson.[115] Dieser kann indessen negative Auswirkungen auf die Leistung der Geführten, der Teams und der Organisation zeigen, da bestimmte Ziele nicht

---

[110] Vgl. Menche, N.; Asmussen-Clausen, M. (Hrsg.) (2011): Pflege heute, S. 173

[111] Vgl. Menche, N.; Asmussen-Clausen, M. (Hrsg.) (2011): Pflege heute, S. 173

[112] Vgl. Menche, N.; Asmussen-Clausen, M. (Hrsg.) (2011): Pflege heute, S. 173

[113] Vgl. Menche, N.; Asmussen-Clausen, M. (Hrsg.) (2011): Pflege heute, S. 173

[114] Vgl. Menche, N.; Asmussen-Clausen, M. (Hrsg.) (2011): Pflege heute, S. 173

[115] Vgl. Menche, N.; Asmussen-Clausen, M. (Hrsg.) (2011): Pflege heute, S. 193

eingehalten und hohe Leistungsziele nicht erreicht werden können.[116] Entscheidungen werden im Team und von allen gleichberechtigt getroffen.[117]

> "Generell besteht bei der Laissez-faire-Führung zudem die Gefahr, dass Geführte mit einem hohen Machtmotiv und einer ausgeprägten Führungsmotivation versuchen, das Leadership der Führungskraft nicht nur zu substituieren, sondern sie mittels mikropolitischer Taktiken zu stürzen".[118]

---

[116] Vgl. Menche, N.; Asmussen-Clausen, M. (Hrsg.) (2011): Pflege heute, S. 193

[117] Vgl. Menche, N.; Asmussen-Clausen, M. (Hrsg.) (2011): Pflege heute, S. 193

[118] Furtner, M.; Baldegger, U. (2013): Self-Leadership und Führung. Theorien, Modelle und praktische Umsetzung. Wiesbaden: Springer Gabler., S. 166

Führungsstil nach Fleishman (1953)

Im Anschluss an die auf Lewin zurückgehende Unterscheidung eines demokratischen von einem autoritären Führungsstil hat Edwin A. Fleishman (*1927) die beiden faktorenanalytisch ermittelten Führungsstile der Personen/Beziehungsorientierung und der Aufgaben-/Sachorientierung in die Literatur eingeführt.[119]

Hauptmerkmale des aufgaben- bzw. sachorientierten Führungsstils sind eine hohe Arbeitsleistung bzw. eine quantitative und qualitative Zielerreichung sowie die Interdependenz im gemeinschaftlichen Einsatz für das Unternehmensziel und den Betriebserfolg.[120] Mitarbeiter werden mehr oder weniger nur als Mittel zum Zweck gesehen und die Führungsperson orientiert sich ausschließlich an deren Leistungserbringung und Aufgabenerfüllung.[121]

Beim personen- bzw. beziehungsorientierten Führungsstil steht der Mitarbeiter, mit seinen Interessen, persönlichen Wünschen, Anliegen, Sorgen etc. im Mittelpunkt.[122] Die Führungskraft ist um ein gutes Verhältnis bemüht. Ziel ist es, auf der Grundlage von gegenseitigem Vertrauen, Respekt, Verständnis, Mitgefühl, Unterstützung und Förderung ein gutes Ergebnis zu erzielen.[123]

---

[119] Vgl. Holtbrügge, D. (2018): Personalmanagement, S. 250

[120] Vgl. Holtbrügge, D. (2018): Personalmanagement, S. 250

[121] Vgl. Holtbrügge, D. (2018): Personalmanagement, S. 250

[122] Vgl. Holtbrügge, D. (2018): Personalmanagement, S. 250

[123] Vgl. Holtbrügge, D. (2018): Personalmanagement, S. 250

Führungsstil nach Tannenbaum/Schmidt (1958)

Das Modell von Robert Tannenbaum (1915-2003) und Warren H. Schmidt gehört zu den eindimensionalen Führungsstilen.[124] Es handelt sich um eine siebenstufige Typologie.[125] Sie basiert auf den beiden Führungsstilen, -autoritär und demokratisch- nach Kurt Lewin, die als entgegengesetzte Pole des Kontinuums dienen.[126] Alternative Führungsstile werden anhand des Kriteriums der Partizipation,

> "[...] d.h. die Möglichkeit der Mitarbeiter zur mitwirkenden Teilnahme an den Entscheidungsprozessen in einer Unternehmung bestimmt. Dabei kann zunächst in eine formale bzw. indirekte Partizipation im Rahmen der gesetzlichen Mitbestimmungs- und Mitwirkungsrechte [...] und eine informale bzw. direkte Partizipation der Mitarbeiter unterschieden werden".[127]

Die beiden Extremformen, auf der einen Seite die Alleinentscheidung durch die Führungskraft, auf der anderen Seite die autonomen Entscheidungen durch die Mitarbeiter, werden durch fünf verschiedene Zwischenformen, -patriarchalisch, beratend, konsultativ und partizipativ-, ergänzt.[128]

---

[124] Vgl. Holtbrügge, D. (2018): Personalmanagement, S. 237

[125] Vgl. Holtbrügge, D. (2018): Personalmanagement, S. 237

[126] Vgl. Holtbrügge, D. (2018): Personalmanagement, S. 237

[127] Vgl. Holtbrügge, D. (2018): Personalmanagement, S. 237

[128] Vgl. Holtbrügge, D. (2018): Personalmanagement, S. 237

Führungsstil nach Weber

Max Weber (1864-1920), Begründer des tradierenden Führungsstiles mit einem idealtypischen Ansatz, unterscheidet zwischen patriarchalischen, charismatischen, autokratischen und bürokratischen Führungsstilen.[129] Diese Führungsstile werden in ihrer Reinform heute nur noch selten gelebt.[130]

Das Leitbild des patriarchalischen Führungsstils ist geprägt vom Wohlwollen, mit dem sich der Unternehmer seiner Mitarbeiter annimmt.[131] Er geht davon aus, dass er der Einzige ist, der allein im Besitz von notwendigen Kenntnissen und Fähigkeiten ist, um das Unternehmen zu leiten.[132]

Beim charismatischen Führungsstil handelt es sich lediglich um die Ausstrahlung der Führungskraft auf andere Mitmenschen, die der Führungskraft bereitwillig daraufhin folgen. Hier stehen nicht die Kompetenzen und das Können der Führungskraft im Mittelpunkt.[133]

Der autokratische Führungsstil kennzeichnet sich dadurch aus, dass die Mitarbeiter zu unbedingtem Gehorsam verpflichtet sind und ihr Wille und/oder ihre Meinung nicht gefragt sind. Die Führungsperson besitzt die uneingeschränkte Macht und übt diese unumschränkt aus.[134]

---

[129] Vgl. Holtbrügge, D. (2018), Personalmanagement, S. 248

[130] Vgl. Holtbrügge, D. (2018), Personalmanagement, S. 248

[131] Vgl. Holtbrügge, D. (2018), Personalmanagement, S. 249

[132] Vgl. Holtbrügge, D. (2018), Personalmanagement, S. 249

[133] Vgl. Holtbrügge, D. (2018), Personalmanagement, S. 249

[134] Vgl. Holtbrügge, D, (2018), Personalmanagement, S. 249

Der bürokratische Führungsstil wiederrum zeichnet sich durch unpersönliche Regeln und Formalien aus. Hier stehen nicht die Eigenschaften einer Person im Vordergrund, sondern „[...] *die formellen Stellenbeschreibungen und das, was an Handlungs- und Arbeitsabläufen in Vorschriften und Handbüchern geregelt ist*".[135]

---

[135] Vgl. Holtbrügge, D. (2018), Personalmanagement, S. 249

Führungsstil nach Blake/Mouton (1958)

Der zweidimensionale Führungsstil von Robert R. Blake (1918-2004) und Jane S. Mouton (1930-1987) aus den 60er Jahren des 20. Jahrhunderts sieht keine Extrempunkte eines Kontinuums vor, sondern gliedert sich in zwei voneinander unabhängige Dimensionen.[136] Zu den zwei Dimensionen gehören der aufgabenorientierte bzw. sachorientierte Führungsstil und der personenorientierte bzw. beziehungsorientierte Führungsstil.[137] Diese zwei genannten Dimensionen können unterschiedlich stark bzw. schwach ausgeprägt sein.[138] Diese werden in einem Verhaltensgitter (Managerial Grid) dargestellt mit fünf Positionen und vier Eckpunkten.[139] Die effektivste Form des Führungsstils wäre eine hohe Aufgaben-/Sach-orientierung, gepaart mit einer hohen Person-/Beziehungsorientierung.[140]

---

[136] Vgl. Thommen, J.-P.; Achleitner, A.-K.; Gilbert, D. U.; Hachmeister, D.; Kaiser, G. (Hrsg.), (2017): Allgemeine Betriebswirtschaftslehre, 8., vollst. überarb. Auflag., Wiesbaden: Springer Gabler, S. 518

[137] Vgl. Thommen, J.-P.; Achleitner, A.-K.; et al., (2017): Allg. Betriebswirtschaftslehre, S. 518

[138] Vgl. Thommen, J.-P.; Achleitner, A.-K.; et al. (2017): Allg. Betriebswirtschaftslehre, S. 519

[139] Vgl. Thommen, J.-P.; Achleitner, A.-K., et al. (2017): Allg. Betriebswirtschaftslehre, S. 519

[140] Vgl. Thommen. J.-P.; Achleitner, A.-K.; et al. (2017): Allg. Betriebswirtschaftslehre, S. 519

3D Führungskonzept nach Reddin (1977)

Als Basis für das 3D-Konzept der Führung nach James W. Reddin (1930-1999) dient der Verhaltensgitteransatz von Blake/Mouton.[141] Es gehört zu den mehrdimensionalen Führungsstilen.[142] Reddin benutzt im Gegensatz zu Blake/Mouton nur noch die Bezeichnungen Beziehungsorientierung und Aufgabenorientierung für die beiden Dimensionen und reduziert die neun Stufen in zwei Unterteilungen.[143] Hieraus ergeben sich vier Führungsstile, die sich wie folgt kategorisieren lassen: Verfahrensstil, Beziehungsstil, Aufgabenstil und Integrationsstil.[144] Durch die „Effektivität" fügt Reddin eine dritte Dimension in das Führungsverhalten ein.[145] Dies bezeichnet das Maß der Leistungsvorgabe die eine Führungskraft aufgrund ihrer Position erbringen muss.[146] Nach Reddins Auffassung kann der Führungsstil in *"[...] Abhängigkeit der Situation, in der er angewandt wird, sowohl effektiv als auch ineffektiv sein [...]"*.[147] Merkmale der Situation sind die Aufgabenanforderungen, die Mitarbeiter und Kollegen, die Vorgesetzten sowie die Organisationsstruktur und das Organisationsklima.[148]

Beim Verfahrensstil wird die Betonung auf Regeln, Vorschriften und Verfahren gelegt, und die Führungskraft als „Bürokrat"

---

141 Vgl. Holtbrügge, D. (2018): Personalmanagement, S. 251

142 Vgl. Holtbrügge, D. (2018): Personalmanagement, S. 251

143 Vgl. Holtbrügge, D. (2018): Personalmanagement, S. 252

144 Vgl. Holtbrügge, D. (2018): Personalmanagement, S. 252

145 Vgl. Holtbrügge, D. (2018): Personalmanagement, S. 251

146 Vgl. Holtbrügge, D. (2018): Personalmanagement, S. 251

147 Holtbrügge, D. (2018): Personalmanagement, S. 252

148 Vgl. Holtbrügge, D. (2018): Personalmanagement, S. 251

gesehen.[149] Sind die Aufgabengebiete und die damit verbundenen Anforderungen eindeutig, strukturiert und unproblematisch, zeigt sich dieser Führungsstil als effektiv und bietet beiden Parteien ein unabhängiges Arbeiten.[150] Zum Problem wird es erst im gegenteiligen Fall, wenn dadurch der Vorgesetzte als „Kneifer" enttarnt wird.[151] Potenziert wird es dann durch wenig kooperationsbereite und schlecht ausgebildete Mitarbeiter und/oder unberechenbare Vorgesetzte.[152]

Eine starke Orientierung am Mitarbeiter und seinen/ihren Bedürfnissen zeichnet den Beziehungsstil aus.[153] Diese Führungsstilmethode entfaltet ihre Effektivität größtmöglich, wenn die „Förderer" (die Vorgesetzten) *„[...] möglichst viele Aufgaben an ihre Mitarbeiter delegieren und diesen Raum für ihre eigene Entwicklung lassen"*.[154] Zum „Gefälligkeitsapostel" wird der Vorgesetzte, wenn er sich nicht konfliktbereit zeigt und die Aufgabenorientierung vernachlässigt.[155]

Der Aufgabenstil wird schon durch seinen Titel charakterisiert. Ihm liegt eine hohe Aufgabenorientierung und eine niedrige Beziehungsorientierung zugrunde, d.h. er richtet sich stark auf die Arbeitsleistung aus.[156] Führungskräfte werden als „Macher" gesehen, wenn sie anspruchsvolle, aber durchführbare

---

[149] Vgl. Holtbrügge, D. (2018): Personalmanagement, S. 252

[150] Vgl. Holtbrügge, D. (2018): Personalmanagement, S. 252

[151] Vgl. Holtbrügge, D. (2018): Personalmanagement, S. 252

[152] Vgl. Holtbrügge, D. (2018): Personalmanagement, S. 252

[153] Vgl. Holtbrügge, D. (2018): Personalmanagement, S. 252

[154] Holtbrügge, D. (2018): Personalmanagement, S. 252

[155] Vgl. Holtbrügge, D. (2018): Personalmanagement, S. 252

[156] Vgl. Holtbrügge, D. (2018): Personalmanagement, S. 252

und erreichbare Ziele formulieren und durch ihr Fachwissen überzeugen.[157] *„Fehlt dieses und beruht der Führungsstil vor allem auf der Positionsmacht der Führungskraft, werden diese zu ineffektiven Autokraten".*[158]

Beim Integrationsstil liegt die Betonung auf dem Gleichgewicht zwischen Aufgaben- und Beziehungsorientierung.[159] Als „Integrierer" werden Führungskräfte bezeichnet, die ihre Arbeitsleistung steigern, indem sie erkennen welche unterschiedlichen Bedürfnisse und Qualifikationen ihre Mitarbeiter haben, darauf eingehen und somit deren Leistungsfähigkeit steigern.[160] Dagegen werden Führungskräfte als „Kompromissler" gesehen, wenn sie sich entscheidungsscheu zeigen und es nicht verstehen, die Unternehmens- und Mitarbeiterziele in Einklang zu bringen.[161]

---

[157] Vgl. Holtbrügge, D. (2018): Personalmanagement, S. 252

[158] Holtbrügge, D. (2018): Personalmanagement, S. 252

[159] Vgl. Holtbrügge, D.(2018): Personalmanagement, S. 252

[160] Vgl. Holtbrügge, D.(2018): Personalmanagement, S. 252

[161] Vgl. Holtbrügge, D.(2018): Personalmanagement, S. 252

Situativ-kooperativer Führungsstil (1982)

Hier vereinen sich zwei unterschiedliche Ansätze. Einmal der situative Führungsstil (1976) nach dem Ansatz der amerikanischen Forscher Paul Hersey (1931-2012) und Ken Blanchard (1939) und zum anderen der kooperative Führungsstil (siehe 3.1.2).[162] Dieses Modell zeichnet sich durch seine Mehrdimensionalität aus und ist eine Herausforderung für jede Führungsperson.[163] Vom Vorgesetzten wird eine hohe Eigenreflektion seines Führungsverhalten verlangt, um sein Verhalten an den Reifegrad des Mitarbeiters anzupassen.[164] Daraus ergeben sich vier Formen des Führungsverhaltens, die je nach Reifegrad und Situation darüber entscheiden, ob die Führungsperson diktiert, argumentiert, partizipiert oder delegiert.[165] Dies setzt aber voraus, dass der Führungskraft bewusst ist, über welche Kompetenzen jeder einzelne Mitarbeiter verfügt.[166] Werden die Mitarbeiter nach ihrem Reifegrad geführt, kann dadurch ihr Potenzial für das Unternehmen freigesetzt und gute Arbeitsergebnisse erzielt werden.

---

[162] Vgl. Menche, N.; Asmussen-Clausen, M. (2011): Pflege heute, S. 173

[163] Vgl. Menche, N.; Asmussen-Clausen, M. (2011): Pflege heute, S. 173

[164] Vgl. Menche, N.; Asmussen-Clausen, M. (2011): Pflege heute, S. 173

[165] Vgl. Menche, N.; Asmussen-Clausen, M. (2011): Pflege heute, S. 173

[166] Vgl. Menche, N.; Asmussen-Clausen, M. (2011): Pflege heute, S. 173

Human-Relations-Management (1930)

Elton Mayo (1880-1949) entwickelte durch ein Experiment in den USA den Human-Relations-Ansatz.[167] Während des Experiments erkannte der Wissenschaftler, dass es nicht reicht, eine kontinuierliche Produktivität durch Rationalisierungsmaßnahmen und Leistungsanreize zu erhalten.[168] Vielmehr stellte sich heraus, dass die Mitarbeiter nach Anerkennung für ihre Arbeit streben und als soziales Wesen wahrgenommen werden wollen.[169] Aus dieser Erkenntnis heraus entwickelten sich weitere fortschrittliche Theorien, bei denen die sozialen Bedürfnisse der Mitarbeiter als wichtigster betrieblicher Faktor im Fokus standen.[170] Entsprechend diesem motivationsbedingten Ansatz entwickelte Abraham Marslow (1908-1970) sein Model der fünfstufigen Bedürfnispyramide. Die Bedürfnispyramide stellt die Gesamtheit aller menschlichen Bedürfnisse dar und lässt sich auch auf das Arbeitsumfeld anpassen.[171] In der 1. Stufe liegt die Priorität auf der *„Befriedigung der psychophysiologischen Grundbedürfnisse, wie ein gesunder Arbeitsplatz,*

---

[167] Vgl. Conzen, C.; Freund, J.; Overlander, G. (2009): Pflegemanagement heute, S. 347

[168] Vgl. Conzen, C.; Freund, J.; Overlander, G. (2009): Pflegemanagement heute, S. 347

[169] Vgl. Conzen, C.; Freund, J.; Overlander, G. (2009): Pflegemanagement heute, S. 347

[170] Vgl. Conzen, C.; Freund, J.; Overlander, G. (2009): Pflegemanagement heute, S. 346

[171] Vgl. Conzen, C.; Freund, J.; Overlander, G. (2009): Pflegemanagement heute, S. 347

*geregelte Arbeitszeiten mit ausreichenden Pausen und Freizeit-
phasen und ausreichender Bezahlung"*[172]

Stufe 2 stellt das Sicherheitsbedürfnis in den Vordergrund.
Dazu gehören Arbeitssicherheit, Altersversorgung und Ar-
beitsplatzschutzregelung.[173] Die Befriedigung der Bedürfnisse
nach sozialen Kontakten bildet die 3. Stufe. Hier geht es um die
mittelbare und unmittelbare Befriedigung der sozialen Kontakte der Mitarbeiter im Berufsumfeld.[174] Seitens der Führungskraft erfolgt dies *„[...] durch die Wahrnehmung des Mitarbeiters als Person und nicht primär als Arbeitnehmer und Leis-
tungserbringer [...]".*[175] Hierbei ist wichtig, dass die Führungsperson einen Rahmen für soziale Kontakte im Arbeitsumfeld
schafft. Dadurch wird das „Wir-Gefühl" im Team gestärkt und
ermöglicht so ein vertrauensvolles Zusammenarbeiten.[176] Das
Bedürfnis nach Anerkennung und Wertschätzung steht im
Zentrum der 4. Stufe.[177] Durch betriebliche Fortbildungs- und

---

[172] Conzen, C.; Freund, J.; Overlander, G. (2009): Pflegemanagement heute, S.
347

[173] Vgl. Conzen, C.; Freund, J.; Overlander, G.(2009): Pflegemanagement
heute, S. 347

[174] Vgl. Conzen, C.; Freund, J.; Overlander, G.(2009): Pflegemanagement
heute, S. 347

[175] Conzen, C.; Freund, J.; Overlander, G. (2009): Pflegemanagement heute, S.
347

[176] Vgl. Conzen, C.; Freund, J.; Overlander, G. (2009): Pflegemanagement
heute, S. 347

[177] Vgl. Conzen, C.; Freund, J.; Overlander, G. (2009): Pflegemanagement
heute, S. 347

Weiterbildungsmaßnahmen hat die Führungskraft die Möglichkeit diesem nachzukommen.[178]

> „Eine situativ-kooperativer Führungsstil, der durch positive Rückmeldung und Wertschätzung geleitet ist, fordert und befriedigt dieses Bedürfnis ebenso wie Transparenz und Beteiligung an betrieblichen Prozessen und Veränderungsvorhaben."[179]

Die 5. und letzte Stufe beinhaltet das Bedürfnis nach Selbstverwirklichung.[180]

> „Betriebliche Rahmenbedingungen, die dieses Bedürfnis befriedigen, sind durchschaubar und flexible Arbeitsstrukturen sowie fordernde und fördernde Führungsverhalten, die Partizipation, Karriereplanung und Fortbildungen mit dem Ziel der Selbstkontrolle von Arbeitsergebnissen".[181]

Die fünf verschiedenen Stufen dürfen nicht starr hierarchisch gesehen werden.[182] Denn so unterschiedlich wie die Menschen sind, liegen auch ihre Schwerpunkte bzw. Prioritäten in unterschiedlichen Bereichen.[183]

---

[178] Vgl. Conzen, C.; Freund, J.; Overlander, G. (2009): Pflegemanagement heute, S. 347

[179] Conzen, C.; Freund, J.; Overlander, G. (2009): Pflegemanagement heute, S. 347

[180] Vgl. Conzen, C.; Freund, J.; Overlander, G. (2009): Pflegemanagement heute, S 347

[181] Conzen, C.; Freund, J.; Overlander, G. (2009): Pflegemanagement heute, S. 347

[182] Vgl. Conzen, C.; Freund, J.; Overlander, G. (2009): Pflegemanagement heute, S. 347

[183] Vgl. Conzen, C.; Freund, J.; Overlander, G. (2009): Pflegemanagement heute, S. 347

Transformationaler Führungsstil (1978)

Der transformationale Führungsstil gehört zu den jüngsten Führungsstilen und hat die Führungsforschung in den letzten 30 Jahren nicht nur wegweisend geprägt, sondern auch revolutioniert.[184] Diese Führungsmethode wurde verstärkt Mitte der 1990er Jahre untersucht.[185] Als idealtypische Form der Führung, liegt die Aufgabe und das Ziel der Führungsperson in der Transformation (Veränderung) der Mitarbeiter.[186] Seine höchste Effizienz zeigt der transformationale Führungsstil in Zeiten von Turbulenzen und unsicheren Umweltbedingungen.[187]

> Erstmalig "[als] Begriff wurde die transformationale Führung [...] Ende der 1970er Jahre von Burns [1978] eingeführt und zugleich von der transaktionalen Führung abgegrenzt [...]. Die transaktionale Führung agiert mehr auf einer logisch-rationalen Ebene und die transformationale Führung auf einer viel mächtigeren emotionalen Beeinflussungsebene." [188]

Das transaktionale Führungsverhalten konzentriert sich stärker auf die extrinsische Anreizgestaltung, während sich das transformationale Führungsverhalten eher auf die

---

[184] Vgl. Furtner, M.(2016), Effektivität der transformationalen Führung: Helden, Visionen und Charisma (German Edition), Wiesbaden, Springer Gabler, S. 17

[185] Vgl. Furtner, M.(2016), Effektivität der transformationalen Führung, S. 17

[186] Vgl. Furtner, M.; Baldegger, U. (2013): Self-Leadership und Führung, S. 136

[187] Vgl. Furtner, M.; Baldegger, U. (2013): Self-Leadership und Führung, S. 136

[188] Furtner, M. (2016), Effektivität der transformationalen Führung, S. 18

Entwicklung der intrinsischen Motivation der Geführten konzentriert.[189]

Die Stärken der transformationalen Führung liegen „*[...] besonders darin, dass sie sich auf visionäre, charismatische und emotionale Beeinflussungselemente der Führungskraft fokussiert*".[190]

Die vier „I-Dimensionen" der transformationalen Führung setzen sich zusammen aus dem idealisierten Einfluss, der inspirierenden Motivation, der intellektuellen Stimulierung und der individuellen Berücksichtigung.[191] Diese vier Sub-Dimensionen sind stark auf die kognitive, emotionale und verhaltensbezogene Beeinflussung der Geführten ausgerichtet.[192] Laut James McGregor Burns (1918-2014) haben der idealisierte Einfluss und die inspirierende Motivation, die gleichzeitig die aktivsten und effektivsten Dimensionen sind, den größten Einfluss auf die charismatische Wirkung einer Führungsperson.[193]

Der idealisierte Einfluss ist die höchste Ebene der transformalen Führungskraft.[194] Grundvoraussetzung des idealisierten Einflusses ist die Ausstrahlung oder wie Burns es bezeichnet, das „Charisma" einer Führungsperson. Die Ausstrahlung bzw.

---

[189] Vgl. Furtner, M.; Baldegger, U. (2013): Self-Leadership und Führung, S. 133

[190] Furtner, M. (2016), Effektivität der transformationalen Führung, S. 17

[191] Vgl. Furtner, M.; Baldegger, U. (2013): Self-Leadership und Führung, S. 133

[192] Vgl. Furtner, M.; Baldegger, U. (2013): Self-Leadership und Führung, S. 133

[193] Vgl. Furtner, M. (2016), Effektivität der transformationalen Führung, S. 18

[194] Vgl. Furtner, M.; Baldegger, U. (2013): Self-Leadership und Führung, S. 141

das „Charisma" formt sich vor allem aus der Beobachtung der Mitarbeiter und entspricht weniger einer angeborenen „Strahlkraft" *der* Führungskraft".[195] Eine Identifikation der Geführten mit der Führungsperson kann nur dann hergestellt werden, wenn die Führungsperson ihr Charisma durch hohe sozialisierte Ideale, Werte und Überzeugungen potenziert.[196] *"Je stärker sich die Geführten mit ihrer Führungskraft identifizieren, desto charismatischer ist sie".*[197] Bevor die Führungsperson große Visionen formuliert, ist es wichtig, dass sie sich ihrer Ideale, Überzeugungen und Wertvorstellungen bewusst ist.[198] Laut Burns gehörten die Freiheit, Unabhängigkeit und soziale Gerechtigkeit zu den höchsten Idealen und zentralen Werte eines Menschen.[199] Auch stehen für ihn die Ideale in sehr enger Verbindung mit verschiedenen Tugenden wie Wahrheit, Ehrlichkeit, Aufrichtigkeit, Liebe, Hingabe, Wohlwollen, Geduld, Mildtätigkeit, Mäßigung, Gleichheit, Gleichmut, Barmherzigkeit, Friedfertigkeit, Demut, Gerechtigkeit, Selbstlosigkeit, Stärke und Fleiß.[200] Als zweites wesentliches Merkmal neben den Idealen, gilt die Authentizität der Führungsperson.[201] Das

---

[195] Furtner, M.; Baldegger, U. (2013): Self-Leadership und Führung, S. 141

[196] Vgl. Furtner, M.; Baldegger, U. (2013): Self-Leadership und Führung, S. 141

[197] Furtner, M.; Baldegger, U. (2013): Self-Leadership und Führung, S. 141

[198] Vgl. Furtner, M. (2016), Effektivität der transformationalen Führung, S. 19 ff.

[199] Vgl. Furtner, M.; Baldegger, U. (2013): Self-Leadership und Führung, S. 139

[200] Vgl. Furtner, M. (2016), Effektivität der transformationalen Führung, S. 19

[201] Vgl. Furtner, M. (2016), Effektivität der transformationalen Führung, S. 21

heißt, dass die Gedanken, Worte und Taten einer Führungskraft echt und glaubwürdig übereinstimmen müssen.[202] Erst dann findet eine vollständige Identifikation mit den Werten und Verhaltensweisen der Führungskraft statt, wodurch die Handlungen der Mitarbeiter positiv beeinflusst werden.[203]

Die inspirierende Motivation und der idealisierte Einfluss stellen den Mittelpunkt der charismatischen Beeinflussung dar und konzentrieren sich sehr ausgeprägt auf die emotionalen Kriterien einer transformationalen Führungskraft.[204] Hier liegt die Herausforderung und Hauptaufgabe für die transformationale Führungskraft in der Vermittlung einer verständlichen und anschaulichen Vision an die Mitarbeiter.[205] Voraussetzung dafür ist, dass die Führungskraft über ein hohes Maß an rhetorischen Fähigkeiten verfügt und in der Lage ist, die Gesprächstechniken gezielt umzusetzen.[206] Auch muss sie die Hoffnung und Furcht seiner Mitarbeiter nutzen, da sie als Antriebskräfte eines jeden Menschen angesehen werden und damit eine höhere Wirkung erzielt werden kann.[207]

---

[202] Vgl. Furtner, M. (2016), Effektivität der transformationalen Führung, S. 21

[203] Vgl. Furtner, M. (2016), Effektivität der transformationalen Führung, S. 21

[204] Vgl. Furtner, M. (2016), Effektivität der transformationalen Führung, S. 21

[205] Vgl. Furtner, M. (2016), Effektivität der transformationalen Führung, S. 21

[206] Vgl. Furtner, M. (2016), Effektivität der transformationalen Führung, S. 21

[207] Vgl. Furtner, M. (2016), Effektivität der transformationalen Führung, S. 22

Bei der intellektuellen Stimulierung wird der Blick verstärkt auf die verstandsmäßige Ebene der Mitarbeiter gerichtet. Im Fokus steht die Aktivierung der Vernunft, des Intellektes und der Kreativität der Mitarbeiter.[208] Sie sollen ermuntert werden, einen Perspektivwechsel bei Problemen vorzunehmen, um so über ihre gewohnten Überzeugungen und Sichtweisen nachzudenken, mit dem Ziel neue und bessere Lösungsansätze zu entwickeln.[209] So soll ihr kritisches Denken stimuliert werden, was beinhaltet, auch bewusst Fehler machen zu dürfen.[210] Ziel ist es, die traditionellen, verfestigten Gedankenmuster der Mitarbeiter aufzubrechen und neues, produktives Denken sowie möglicherweise auch unübliche Lösungswege anzuregen.[211] Dies erreicht die transformationale Führungskraft durch bewusst eingesetzte Provokationen, die den Blickwinkel der Mitarbeiter ändern und dem Gruppendenken entgegen wirken sollen.[212]

Zuletzt kommt die individuelle Berücksichtigung, sie gehört zu der sog. weichen Ebene der emotionalen Beeinflussung.[213] Wichtig dafür ist, dass ein Vertrauensverhältnis zwischen der

---

[208] Vgl. Furtner, M.; Baldegger, U. (2013): Self-Leadership und Führung, S. 147

[209] Vgl. Furtner, M. (2016), Effektivität der transformationalen Führung, S. 23

[210] Vgl. Furtner, M. (2016), Effektivität der transformationalen Führung, S. 23

[211] Vgl. Furtner, M. (2016), Effektivität der transformationalen Führung, S. 23

[212] Vgl. Furtner, M.; Baldegger, U. (2013): Self-Leadership und Führung, S. 147

[213] Vgl. Furtner, M.; Baldegger, U. (2013): Self-Leadership und Führung, S. 148

Führungskraft und dem Mitarbeiter hergestellt wird und die transformationale Führungsperson die Rolle des Trainers, Lehrers und Zuhörers einnimmt.[214] Sie muss *„individuell auf eine Person (mit all ihren Stärken, Schwächen, Wünschen und Bedürfnissen) eingehen, dann wird mit höherer Wahrscheinlichkeit eine tatsächliche Veränderung eintreten".*[215] Kennt die transformationale Führungskraft die persönlichen Stärken ihrer Mitarbeiter, können diese sinnvoller, strategischer und ökonomischer zur Erfüllung höherer Ziele bzw. Visionen eingesetzt werden.[216] Eine weitere Voraussetzung ist, dass die transformationale Führungskraft ein ausreichendes Maß an Empathie und emotionaler Intelligenz benötigt.[217] *„Ein achtsames Verhalten ist förderlich, um auf die individuellen Bedürfnisse, Fähigkeiten und Sehnsüchte genauer eingehen zu können".*[218]

---

[214] Vgl. Furtner, M. (2016), Effektivität der transformationalen Führung, S. 23

[215] Furtner, M. (2016), Effektivität der transformationalen Führung, S. 23

[216] Vgl. Furtner, M. (2016), Effektivität der transformationalen Führung, S. 23

[217] Vgl. Furtner, M. (2016), Effektivität der transformationalen Führung, S. 23

[218] Furtner, M. (2016), Effektivität der transformationalen Führung, S. 23

Transaktionaler Führungsstil (1978)

Vorgesetzte, *„[...] die nach dem transaktionalen Modell führen, motivieren ihre Mitarbeiter in erster Linie durch [Vereinbarung] von Zielen, Aufgaben und Delegation von Verantwortung [...]".*[219] Am effektivsten zeigt sich dieser Führungsstil in einer stabilen Umwelt, da hier kein unmittelbarer Veränderungsbedarf besteht.[220] Von den erbrachten Leistungen hängen die Belohnungen in Form von materiellen (extrinsische Faktoren) und immateriellen (intrinsischer Faktoren) Vorteilen ab.[221] Auf unerwünschtes Verhalten des Mitarbeiters folgen Sanktionen und Kritik.[222] Somit wird die Vernunft der Mitarbeiter aktiviert, denen bewusst ist welche Leistung sie erbringen müssen und welche Belohnung sie dafür zu erwarten haben.[223] Es handelt sich eher um ein sachliches Austauschverhältnis zwischen der Leistung des Mitarbeiters und der Reaktion des Vorgesetzten in Form von Bezahlung, Lob und Tadel, nach dem Motto „Eine Hand wäscht die andere".[224] „Die transaktionale Führung agiert mehr auf [der] logisch-rationalen Ebene und [ist laut Burns] relativ einfach zu erlernen".[225]

---

[219] Furtner, M. (2016), Effektivität der transformationalen Führung, S. 23

[220] Vgl. Furtner, M.; Baldegger, U. (2013): Self-Leadership und Führung, S. 136

[221] Vgl. Furtner, M.; Baldegger, U. (2013): Self-Leadership und Führung, S. 151

[222] Vgl. Furtner, M. (2016), Effektivität der transformationalen Führung, S. 23

[223] Vgl. Furtner, M. (2016), Effektivität der transformationalen Führung, S. 23

[224] Vgl. Furtner, M. (2016), Effektivität der transformationalen Führung, S. 18

[225] Furtner, M. (2016), Effektivität der transformationalen Führung, S. 18

Full Range Leadership-Modell nach Bass/Avolio (1995)

Basierend auf dem Modell von Burns entwickelt Bernhard M. Bass (*1925) und Bruce. J. Avolio (*1953) das Full Range Leadership-Modell, das gegenwärtig zum bedeutsamen und einflussreichen Führungsmodell zählt.[226] Die drei Führungsmethoden zu den die transformationale-, die transaktionale-, und die Laissez-faire-Führung gehören, lassen sich auf einem zweidimensionalen Kontinuum (aktiv – passiv, effektiv – ineffektiv) abbilden.[227] Die transformationale Führung stellt, lt. der Autoren, die aktivste und effektivste Form der Führung dar und ist damit die dynamischste Form.[228] So zählt für die Autoren im Gegenzug die Laissez-faire-Führung zur inaktivsten und ineffektivsten Form.[229] Sie ist frei von zielorientierten Fremdbeeinflussungen und Motivationen der Mitarbeitenden. Die transaktionale Führung ist weder besonders aktiv noch besonders passiv.[230]

Laut Bass und Avolio und auch studienbezogener Hinweise zeigt sich eine Kombination aus der transformationalen und transaktionalen Führungsmethode, als effektivere Form der

---

[226] Vgl. Furtner, M. (2016), Effektivität der transformationalen Führung, S. 18

[227] Vgl. Furtner, M.; Baldegger, U. (2013): Self-Leadership und Führung, S. 131

[228] Vgl. Furtner, M.; Baldegger, U. (2013): Self-Leadership und Führung, S. 131

[229] Vgl. Furtner, M.; Baldegger, U. (2013): Self-Leadership und Führung, S. 131

[230] Vgl. Furtner, M.; Baldegger, U. (2013): Self-Leadership und Führung, S. 131

Führung.[231] [232] Erst die Erweiterung der transformationalen Führung durch den aktivierenden Aspekt, der transaktionalen Führung, -der zu erwartenden Belohnung in Form von materiellen und immateriellen Vorteilen- motiviert die Mitarbeiter zu außergewöhnlichen Leistungen, die über die gesetzten Erwartungen hinausgehen.[233] [234]

---

[231] Vgl. Furtner, M.; Baldegger, U. (2013): Self-Leadership und Führung, S. 131

[232] Vgl. Furtner, M. (2016), Effektivität der transformationalen Führung, S. 26

[233] Vgl. Furtner, M.; Baldegger, U. (2013): Self-Leadership und Führung, S. 134

[234] Vgl. Furtner, M. (2016), Effektivität der transformationalen Führung, S. 26

5 Wirkungszusammenhänge zwischen dem Führungsverhalten und Absentismus

Nachdem ein umfänglicher Blick auf die Themen Absentismus und Führungsstil unternommen wurde, soll in diesem Kapitel anhand von 13 Studien untersucht werden, ob die Hypothese bestätig werden kann, dass das Verhalten von Führungskräften einen besonders hohen Einfluss auf den Absentismus der Mitarbeiter hat und dieser durch den Führungsstil beeinflusst wird.

5.1 Einflüsse des Führungsverhalten

Von den ausgewählten Studien gehen dreizehn der Frage nach, ob der Führungsstil Auswirkung auf den Absentismus hat und sehen eine Verbindung mit dem Führungsverhalten bzw. -stil der Vorgesetzten als Einflussfaktor und Ursache auf den Absentismus.

Im Fehlzeiten-Report 2017 von Badura, et al. wurde ein direkter Zusammenhang zwischen dem Führungsverhalten und den Arbeitsausfällen abgeleitet.[235]

Brandenburg und Nieder (2009) sehen eine Verbindung, neben anderen Determinanten, zwischen Führungsverhalten und Absentismus. Danach ist eine gesundheitsorientierte Führung, welche einen erheblichen Einfluss auf das Ausmaß krankheits-

---

[235] Vgl. Badura, B; Ducki, A; Schröder, et al. (2017): Fehlzeiten-Report 2017, S. 63

bedingter Abwesenheiten hat, ein wichtiges Element der betrieblichen Gesundheitspolitik.[236]

Chojnacki, Soziologin (1982) am Institut für Arbeitsmedizin, kommt ebenfalls zu der Erkenntnis, dass der Führungsstil neben vielen anderen postulierten Zusammenhängen einen Einflussfaktor für Absentismus darstellt.[237]

Auch die Forschergruppe um Elshout, et al. (2013) erkannten einen Zusammenhang zwischen Führungsverhalten und Absentismus. Sie beschäftigten sich mit Arbeitsunzufriedenheit im Zusammenhang mit einer organisatorischen Umstrukturierung, die dann wiederum zum Absentismus bei den Mitarbeitern führt. Die Wissenschaftler machen in ihrer Studie den Führungsstil zum Ausgangspunkt der Arbeitszufriedenheit und untersuchen mit welchem Führungsverhalten unter den spezifischen Umständen die Arbeitszufriedenheit gesteigert oder wiederhergestellt werden kann und somit die Fehlzeiten reduziert werden können.[238]

Heckhausen (2000) bietet einen Literaturüberblick über alle Einflussfaktoren innerhalb eines Unternehmens, die Auswirkungen auf die Fehlzeiten der Mitarbeiter haben können. Hierzu gehört unter anderem auch das Vorgesetztenverhalten,

---

[236] Vgl. Brandenburg, U.; Nieder, P. (2009): Betriebliches Fehlzeiten-Management. Wiesbaden: Gabler; Springer, S. 83

[237] Vgl. Chojnacki, M. (1982): Eine Typologie der psychosozialen Mitursachen des krankheitsbedingten Absentismus. In: Sozial- u. Präventivmedizin 27 (4), S. 173–177. S.174 ff.

[238] Vgl. Elshout, R.; Scherp, E.; van der Feltz-Cornelis, C.M. (2013): Understanding the link between leadership style, employee satisfaction, and absenteeism, S. 823 ff.

welches genauer untersucht wird.[239] Die Autorin benennt zwei Faktoren, die über das Vorgesetztenverhalten die Fehlzeiten bzw. den Absentismus beeinflussen: zu einem *„[...] über die Bestimmung der Arbeitsinhalte und zum anderen über den ihren Führungsstil [...]"*.[240]

Nieder und Janssen (1996) sehen als Ursache von Fehlzeiten einen Zusammenhang mit dem Führungsverhalten. Sie weisen darauf hin, dass eine Verbesserung der Arbeitssituation für die Mitarbeiter und einer persönlichkeitsfördernden Arbeitsgestaltung letztendlich zu einer Reduktion von Absentismus führen würde.[241]

In der Fokus-Studie von Notenbomer, et al. (2016) werden die Determinanten für Absentismus analysiert. Die Autoren stellen in dieser Studie keine direkte Verbindung zwischen Führungsstil und Absentismus her. Dieser wird vielmehr grob in den Arbeitsdruck einbezogen, welches aus der Aussage eines Befragten deutlich wird.[242]

> „One participant even stated that his last sick-leave was a protest: `the management style makes it easier for me to call-in sick, the last time I reported sick was a silent protest´. He was thinking as follows: `because I am fed up with the leadership style at my work, then I thought, when

---

[239] Vgl. Heckhausen, D. (2000): Einflussfaktoren auf Fehlzeiten und Maßnahmen dagegen. In: Organisationsberatung, Supervision, Coaching, 7 (2), S.113 ff.

[240] Heckhausen, D. (2000): Einflussfaktoren auf Fehlzeiten, S.113 ff.

[241] Vgl. Marr, R. (1996): Absentismus. S. 59 ff.

[242] Vgl. Notenbomer, A.; Roelen, C. A. M.; v. Rhenen, Willem; et al. (2016): Focus Group StudyExploring Factors Related to Frequent Sickness Absence, S. 6 ff.

you (management) think to do it that way, then tomorrow
I am sick for a day'".[243]

So zeigen Rowold und Heinitzt (2008) in ihrer Publikation, dass Führung zur Stressreduktion, Mitarbeiterzufriedenheit und Gesundheit der Mitarbeiter beiträgt und sie sich entlasteter fühlen als Mitarbeiter, die nicht geführt werden. Dennoch räumen sie ein, dass der Führungsstil sich auch negativ auf das Stresserleben und Wohlbefinden auswirken kann und dann wiederum mit den Gesundheitsproblemen der Mitarbeiter in direktem Zusammenhang stände.[244]

In einer niederländischen Querschnittstudie aus dem Gesundheitssektor von Scheuder, et al. (2011) wird der Führungsstil mit registrierten Fehlzeiten in Verbindung gebracht. Die Pflegeteams, die durch einen beziehungsorientierten Pflegemanager geführt wurden, hatten weniger und kürzere Krankheitsausfälle als die Pflegeteams eines aufgabenorientierten Pflegemanagers. Allerdings erklärt der Führungsstil nur 10 % der Abweichung des kurzzeitigen Absentismus, weshalb davon ausgegangen werden muss, dass auch andere Faktoren ausschlaggebend sind.[245]

---

[243] Notenbomer, A.; Roelen, C. A. M.; v. Rhenen, Willem; et al. (2016): Focus Group Study Exploring Factors Related to Frequent Sickness Absence, S. 6 ff.

[244] Vgl. Rowold, J.; Heinitz, K. (2008): Führungsstile als Stressbarrieren. In: Zeitschrift für Personalpsychologie 7 (3), S. 129-140, S. 129 ff.

[245] Vgl. Schreuder, J. A. H.; Roelen, C. A. M.; van Zweeden, N. F.; Jongsma, D.; van der Klink, J. J.L.; Groothoff, J. W. (2011): Leadership styles of nurse managers and registered sickness absence among their nursing staff. In: Health care management review 36 (1), S. 58–66., S. 58 ff.

Auch Schmidt (2011) sieht in seiner Dissertation, eine Verbindung zwischen Absentismus und Führungsverhalten von Führungspersonen. Für ihn sind Führungskräfte nahezu für alles verantwortlich, z. B. für die zu erbringenden Leistungen, die Zielerfüllung, die Unternehmenskultur und auch die Gesundheit der Mitarbeiter.[246]

Turgut, et al. (2013) haben anhand eines Mehrebenenmodells eine arbeitspsychologische Fehlzeitenanalyse vorgenommen. Sie bemängeln eine Forschungslücke, da sich die bisherigen Forschungen zu Fehlzeiten meist nur auf monokausale Wirkungszusammenhänge konzentriert hätten. Die Wissenschaftler differenzieren in ihrer Arbeit zwischen Arbeitsanforderungen und Arbeitsressourcen. Zu den fünf von ihnen identifizierten Determinanten des Krankenfehlstands gehören: Arbeitsplatz, Individuum, Team, Führung und Organisation. Diese Unterscheidung begründet sich durch die wissenschaftlich belegten Determinanten anhand einer Literaturrecherche, in dem sie den Führungsstil als Arbeitsressource zuteilen. Auch sie stellten fest, dass der Führungsstil einen negativen Einfluss auf den Krankenstand in einem Unternehmen hat.[247]

---

[246] Vgl. Schmidt, B. (2011): Transformationale und transaktionale Führung als erfolgreicher Führungsstil für Leistung und Gesundheit? Eine kritische Überprüfung des „Full Range of Leadership"-Konzeptes für das betriebliche Gesundheitsmanagement. Dissertation. Fakultät Theologie und Humanwissenschaften der technischen Universität Dortmund, S.24 ff.

[247] Vgl. Turgut, S.; Sonntag, K.; Michel, A. (2013): Arbeitspsychologische Fehlzeitenanalyse -ein Mehrebenenmodell. In: *Zeitschrift für Arbeitswissenschaft.* 67 (4), S. 233 ff.

Vogt und Schnee (2012) untersuchen in ihrer Publikation, welche Rolle das Führungsverhalten während laufender Restrukturierungsprozesse in einem Unternehmen auf die Mitarbeiter spielt. Sie kommen ebenfalls zu dem Ergebnis, dass der Führungsstil signifikant für die Gesundheit und somit auch ausschlaggebend für den Absentismus ist. Ihre Studie belegt, dass die erlebte Jobunsicherheit einen starken Zusammenhang mit dem Absentismus aufweist und dass gute Führung diesen abschwächen kann.[248]

Eine Fehlzeitenanalyse von Wenderlein (2003), in der der direkte Vergleich von Pflegekräften mit Pflegeschülern unternommen wird, kommt zu dem Ergebnis, dass Arbeitsorganisation, Personalführung und das Betriebsklima zu hohen Fehlzeiten führt. Die Ergebnisse fallen recht unterschiedlich aus. So sind die Pflegeschüler deutlich unzufriedener mit der Führung und der Zusammenarbeit als ihre examinierten Kollegen.[249]

5.2 Auswirkung der Führungsstile

In diesem Kapitel wird analysiert, wie sich die verschiedenen Führungsstile auf den Absentismus auswirken.

---

[248] Vgl. Vogt, J.; Schnee, M. (2012): Führung als Moderator von Gesundheit, Absentismus und Präsentismus bei Restrukturierungsprozessen. In: *Zeitschrift für Arbeitswissenschaft.* 66 (4), S. 269–276., 269 ff.

[249] Vgl. Wenderlein, F. U. (2003): Arbeitszufriedenheit und Fehlzeiten in der Krankenpflege. Untersuchung an 1021 Examinierten und Schülern. In: Gesundheitswesen Georg Thieme Verlag, Stuttgart (65), S. 620–628, 620 ff.

Auswirkung des transformationalen Führungsstils

Vier der betrachteten Studien sehen einen direkten Zusammenhang zwischen transformationalen Führungsstil und Absentismus. Diese Studien kommen zu dem Ergebnis, dass der transformationale Führungsstil eine sehr gute Möglichkeit bietet, Absentismus zu verhindern bzw. zu verringern.

In der Studie von Rowold und Heinitz, zeigt sich zumindest eine kurzfristige positive Auswirkung durch den transformationalen Führungsstil auf das Stresserleben der Mitarbeiter. Langfristig kann die Studie jedoch nicht beweisen, dass sich das implizierte Stresserleben bei herausfordernden Zielen ausschalten lässt.[250] *„Damit weist die gegenwärtige Arbeit – entgegen dem gegenwärtigen Trend in der Literatur – auf mögliche Gefahren bzw. Negativwirkungen von transformationaler Führung hin".*[251]

Die bereits genannte niederländische Querschnittstudie von Scheuder, et al., macht deutlich, dass durch den transformationalen Führungsstil die Mitarbeiterzufriedenheit und der Gesundheitszustand zunimmt bzw. steigt und sich die Fehlzeiten reduzieren. Auch beschreiben die Autoren den positiven Vorteil dieses Führungsstils gerade in Verbindung mit Restrukturierungsprozessen oder aber auch in „turbulenten Zeiten" eines Unternehmens.[252]

---

[250] Vgl. Rowold, J.; Heinitz, K. (2008): Führungsstile als Stressbarrieren, S. 137

[251] Rowold, J.; Heinitz, K. (2008): Führungsstile als Stressbarrieren, S. 137

[252] Vgl. Elshout, R.; Scherp, E.; van der Feltz-Cornelis, C.M. (2013): Understanding the link between leadership style, employee satisfaction, and absenteeism, S. 823

Eine weitere Studie von Green, et al. (2013) beschäftigt sich mit der emotionalen Erschöpfung in Verbindung mit den Umsatzabsichten im beruflichen Umfeld. Auch sie kommen zu der Erkenntnis, dass ein stärkerer Transformationsanführer dazu beitragen kann, die Auswirkungen der emotionalen Erschöpfung auf die Umsatzabsicht zu puffern.[253]

Schmidt sieht in seiner vorgenannten Dissertation, nur eine schwache und indirekte Verbindung zwischen dem transformationalen Führungsstil und dem Absentismus sowie dem Präsentismus, der Leistung und der Gesundheit der Mitarbeiter.[254] Doch eine Kombination aus transformationaler und transaktionaler Führung zeigt durchaus eine positive Auswirkung auf Führungssubstitute.[255]

Auswirkung des transaktionalen Führungsstils

Vier der betrachteten Studien sehen zwar einen Zusammenhang zwischen transaktionalem Führungsstil und Absentismus, sie kommen jedoch nur teilweise zu dem Ergebnis, dass der transaktionale Führungsstil eine bedingte Möglichkeit bietet, Absentismus zu verhindern bzw. zu verringern.

---

[253] Vgl. Green, A. E.; Miller, E. A.; Aarons, G. A. (2013): Transformational leadership moderates the relationship between emotional exhaustion and turnover intention among community mental health providers. In: Community mental health journal 49 (4), S. 373–379., S 380

[254] Vgl. Schmidt, B. (2011): Transformationale und transaktionale Führung als erfolgreicher Führungsstil für Leistung und Gesundheit, S. 250

[255] Vgl. Schmidt, B. (2011): Transformationale und transaktionale Führung als erfolgreicher Führungsstil für Leistung und Gesundheit, S. 252

In der erwähnten Studie von Rowold und Heinitz, wird anhand von zwei Subskalen, der bedingten Belohnung und des aktiven Fehlermonitorrings, der transaktionale Führungsstil unterschieden. Lediglich zu einem positiven Ergebnis im Zusammenhang zu den Stressindikatoren führte das aktive Fehlermonitorring. Laut der Autoren könnte dies ein Hinweis darauf sein, dass das aktive Fehlermonitorring nur dann einen stressreduzierenden Effekt hat, wenn es im Sinne der bedingten Belohnung verlässlich ist und eindeutig kommuniziert wird.[256]

Die niederländische Querschnittstudie von Scheuder, et al. verdeutlicht, dass der transaktionale Führungsstil nicht zu einer Reduktion der Fehlzeiten führt und nur bedingt die Arbeitszufriedenheit steigert.[257]

Schmidt hat in seiner Dissertation herausgefunden, dass der transaktionale Führungsstil keinen positiven Einfluss auf die Gesundheit der Mitarbeiter hat und sich auch nicht als gesundheitsförderlich zeigt. Er sieht indes begründete Indizien dafür, dass die Kombination von transformationalem/transaktionalem Führungsstil durchaus eine Auswirkung auf Führungssubstitute haben kann.[258]

---

[256] Vgl. Rowold, J.; Heinitz, K. (2008): Führungsstile als Stressbarrieren, S. 137

[257] Vgl. Elshout, R.; Scherp, E.; van der Feltz-Cornelis, C.M. (2013): Understanding the link between leadership style, employee satisfaction, and absenteeism, S. 823 ff

[258] Vgl. Schmidt, B. (2011): Transformationale und transaktionale Führung als erfolgreicher Führungsstil für Leistung und Gesundheit, S. 250

Auswirkung des autoritären/autokraten Führungsstil

Vier der betrachteten Studien sehen einen Zusammenhang zwischen autoritären bzw. autokraten Führungsstil und Absentismus. Diese Arbeiten kommen zu dem Ergebnis, dass dieser Führungsstil das Aufkommen von Absentismus fördert.

Die Publikationen von Scheuer, et al. Bezug genommen. Sie analysiert die Fehlzeiten beim Pflegepersonal anhand der Führungsstile Autokrat und Situativ. Der autokrate Führungsstil geht nach Meinung der Autoren mit Unzufriedenheit, Nichtproduktivität und mangelndem Engagement von Pflegekräften in einem Krankenhaus einher.[259]

In der Analyse von Rowold und Heinitz, stellt sich heraus, dass der autokrate Führungsstil weder einen stressreduzierenden noch eine stressinduzierende Wirkung auf die Geführten hat. Obwohl vermutet wird, dass die autokrate Führung durch einen klaren Handlungsspielraum Stress reduzieren soll.[260]

Auch Brandenburg und Nieder, kritisieren eine rein sachbezogene Führung und machen diesen Umstand für erhöhte Fehlzeiten verantwortlich.[261]

---

[259] Vgl. Elshout, R.; Scherp, E.; van der Feltz-Cornelis, C.M. (2013): Understanding the link between leadership style, employee satisfaction, and absenteeism, S. 823

[260] Vgl. Rowold, J.; Heinitz, K. (2008): Führungsstile als Stressbarrieren, S. 137

[261] Vgl. Brandenburg, U.; Nieder, P. (2009): Betriebliches Fehlzeiten-Management, S. 85 ff.

„Die Situation in vielen Unternehmen sieht so aus, dass die Vorgesetzten für ihre Sachaufgabe gut und für ihre Personenaufgabe wenig ausgebildet sind. Das führt dazu, dass Vorgesetzte häufig ausschließlich als Sachbearbeiter tätig sind".[262]

Further und Baldegger (2013) sehen in ihrem Lehrbuch einen starken Zusammenhang zwischen dem direkten autoritären Führungsverhalten und Absentismus. Dieser Führungsstil ist verbunden mit sehr negativen Folgen für die Geführten; die daraus resultierende hohe Arbeitsunzufriedenheit bedinge somit stark den Absentismus.[263]

Auswirkung des situativen Führungsstils

Drei der betrachteten Studien erkennen einen Zusammenhang zwischen situativen Führungsstil und Absentismus. Sie stellen fest, dass der situative Führungsstil eine sehr gute Möglichkeit bietet, den Absentismus zu verhindern bzw. zu verringern.

In der Querschnittstudie von Scheuer, et al. untersucht, welche Auswirkung der situative Führungsstil auf den Absentismus hat. Sie dokumentierten, dass krankheitsbedingte Fehlzeiten, insbesondere die Anzahl von Tagen und die Kürze der Episoden von krankheitsbedingten Fehlzeiten, vom Führungsstil abhängig sind, während die Abwesenheitsrate bei den Mitarbeitern von situativ geführten Führungskräften geringer ist.[264]

---

[262] Brandenburg, U.; Nieder, P. (2009): Betriebliches Fehlzeiten-Management, S. 131

[263] Vgl. Furtner, M; Baldegger, U. (2013), Self-Leadership und Führung, S. 232 ff.

[264] Vgl. Schreuder, J. A. H.; Roelen, C. A. M.; van Zweeden, N. F.; et al. (2011): Leaership styles of nurse managers and registered sickness absence among their nursing staff, S. 64

Dieses Ergebnis zeigt, wie wichtig die Fähigkeiten und Verhaltensweisen von Führungskräften sind, um die Unterbesetzung und damit die Produktivität, Effizienz und Qualität der Pflege zu beeinflussen. Durch ihren Führungsstil können die Vorgesetzten, die Einstellung der Mitarbeiter, deren Engagement und Motivation verbessern. Arbeit und Leistung werden dabei durch den Prozess der persönlichen Identifikation mit den Mitarbeitern und der sozialen Identifikation mit der Organisation gefördert.[265]

Die Publikation von Brandenburg und Nieder, beleuchtet, dass Mitarbeiter, denen ein hoher Grad an Autonomie, Kontrolle, Mitsprache- und Mitwirkungsmöglichkeiten und Verantwortung eingeräumt wird, geringere Fehlzeiten aufweisen. Der situative Führungsstil wird dabei als Ressource und organisatorisches Gesundheitspotenzial sowie als salutogenes Merkmal einer „gesunden" Organisation gesehen.[266]

Auch in Untersuchung von Heckhausen, steht der situative Führungsstil in Verbindung mit der Reduktion von Fehlzeiten. Heckhausen setzt aber schon bei der Einstellung von Führungskräften an. Hier sollte besonders auf die sozialen Managementkompetenzen geachtet werden.[267]

---

[265] Vgl. Schreuder, J. A. H.; Roelen, C. A. M.; van Zweeden, N. F.; et al. (2011): Leaership styles of nurse managers and registered sickness absence among their nursing staff, S. 64

[266] Vgl. Brandenburg, U.; Nieder, P. (2009): Betriebliches Fehlzeiten-Management, S. 103

[267] Vgl. Heckhausen, D. (2000): Einflussfaktoren auf Fehlzeiten, S. 116

Auswirkung des Laissez-faire- Führungsstil

Nur eine der betrachteten Studien untersuchte den Zusammenhang zwischen Laissez-faire-Führungsstil und Absentismus. Die Studie von Brandenburg und Nieder kommt zu dem Ergebnis, das der Laissez-faire-Führungsstil den Absentismus bedingt.[268] So kommt die Arbeit zu der wichtigen Erkenntnis, dass sich mangelndes Führungsverhalten negativ auf die Geführten und ihre Motivation auswirkt und den Absentismus fördert.[269]

---

[268] Vgl. Brandenburg, U.; Nieder, P. (2009): Betriebliches Fehlzeiten-Management, S. 85

[269] Vgl. Brandenburg, U.; Nieder, P. (2009): Betriebliches Fehlzeiten-Management, S. 85

6 Absentismus als Chance und Risiko für das mittlere Management

Alle in Kapitel 5 untersuchten Studien konnten, wenn auch in unterschiedlicher Ausprägung, einen Zusammenhang zwischen Führungsstil und Absentismus herstellen.

Daraus lässt sich ableiten, dass Führungspersonen offensichtlich Einfluss auf den Absentismus nehmen können und wohl auch in vielen Fällen haben. Jedoch dürfen die zahlreichen weiteren Einflussfaktoren, die auf den Absentismus einwirken, nicht außer Acht gelassen werden. Wichtige Aufgabe einer Führungskraft ist es, diejenigen Ursachen und Einflussfaktoren, die zum motivationsbedingten Fernbleiben vom Arbeitsplatz führen, im Vorfeld zu erkennen und möglichst frühzeitig zu intervenieren.

6.1 Führung als Steuerungsinstrument

Aus den in Kapitel 5 untersuchten Studien lassen sich einige Verhaltensweisen von Führungspersonen ableiten, die geeignet sind, möglichen Absentismus alleine durch entsprechendes Führungsverhalten zu verringern. Es gibt dabei keinen einheitlichen Führungsstil, der allen Situationen angemessen erscheint. Es hat sich aber gezeigt, dass der transformationale Führungsstil einen Vorteil aufweist, wenn sich das Unternehmen in einem Restrukturierungsprozess befindet und/oder eine neue Vision umgesetzt werden muss.[270] [271] In einer stabilen Umwelt erweist sich der situative Führungsstil als besonders effektiver Führungsstil.[272] [273] Dies zeigt das ein wirkungsvoller Führer jemand ist, der seinen Führungsstil an die Bedürfnisse der Mitarbeiter und die jeweiligen Situationen anpasst.

Zusammenfassend sind es folgende Charakteristika, die eine qualifizierte Führungspersönlichkeit zur aktiven Berücksichtigung der emotionalen Bedürfnisse seiner Mitarbeiter benötigt: Anerkennung, Zugehörigkeit, Wertschätzung, ebenso wie Respekt und Vertrauen gegenüber den Geführten. Weiterhin gehören zu den Ressourcen die eine Führungsperson nutzen sollte ein partizipativer Führungsstil mit einem flachen Hierarchiegradienten, eine Vertrauenskultur, Transparenz in den Entscheidungen und ganz wesentlich das Vermögen, die Qualifikationen und Potenziale der Geführten zu nutzen und auszubauen.[274] Diese Faktoren sollen insgesamt als Grundlage einer gesundheitsfördernden Führung betrachtet werden.

---

[270] Vgl. Elshout, R.; Scherp, E.; van der Feltz-Cornelis, C.M. (2013): Understanding the link between leadership style, employee satisfaction, and absenteeism, S. 823

[271] Vgl. Green, A. E.; Miller, E. A.; Aarons, G. A. (2013): Transformational leadership moderates the relationship between emotional exhaustion and turnover intention among community mental health providers, S 380

[272] Vgl. Schreuder, J. A. H.; Roelen, C. A. M.; van Zweeden, N. F.; et al. (2011): Leadership styles of nurse managers and registered sickness absence among their nursing staff, S. 64

[273] Vgl. Brandenburg, U.; Nieder, P. (2009): Betriebliches Fehlzeiten-Management, S. 103

[274] Vgl. Brandenburg, U.; Nieder, P. (2009): Betriebliches Fehlzeiten-Management, S. 105

6.2 Führungsunabhängige Faktoren

In den meisten Untersuchungen werden auch personen- sowie arbeitsbezogene Einflussfaktoren genannt, die unabhängig vom Führungsverhalten zum Absentismus der Mitarbeiter führen können, wie schon in Kapitel 2.2. erläutert wurde.

Im Fehlzeiten-Report von 2017 erkennen die Autoren neben dem Führungsverhalten weitere Aspekte der Beeinflussung. Sie sehen das zentrale Problem darin, dass der psychische Druck und Stress der Mitarbeitenden durch eine erhöhte Komplexität und Veränderungsdynamik im Unternehmen sowie durch schnellere, komplizierte Arbeitsprozesse zunimmt und vom steigenden Druck durch die Märkte erzeugt wird.[275] Es wird von den Mitarbeitern verlangt, sich diesen Entwicklungen anzupassen. Gleichzeitig sollen sie ihre Effizienz und Leistungsfähigkeit steigern, ohne dass die eigene „Work-Life-Balance"[276] darunter leidet.[277]

In den Studien von Brandenburg/Nieder (2009) und Heckhausen (2000) gehören neben dem Führungsstil auch das Persönlichkeitsverhalten, das individuelle Verhalten des Mitarbeiters,

---

[275] Badura, B; Ducki, A; Schröder, H; et al. (2017): Fehlzeiten-Report 2017, S. 63

[276] Der Begriff „Work-Life-Balance" steht für einen Zustand, in dem Arbeit- und Privatleben miteinander zu gleichen Teilen im Einklang stehen.

[277] Vgl. Badura, B; Ducki, A; Schröder, H; et al. (2017): Fehlzeiten-Report 2017, S. 63

der Freizeitbereich, die genetischen Einflüsse und der Arbeitsplatz dazu, um Absentismus zu erzeugen.[278][279]

Chojnacki kommt ebenfalls zu der Erkenntnis, dass -genauso wie die Arbeit an sich- regulierende Funktionen in der Persönlichkeit des Arbeitnehmers, die Gesellschaft und lokale Gemeinschaften besondere Einflussfaktoren für den Absentismus darstellen.[280]

Die Forschergruppe um Elshout, et al. (2013), sieht eine Verbindung zwischen Absentismus und organisatorischer Umstrukturierung.[281]

Zum gleichen Resultat gelangt die Analyse von Vogt, et al. die zusätzlich die damit einhergehende Jobunsicherheit untersuchen.[282]

Auch Schmidt (2011) und Wenderlein (2003) benennen in ihren Analysen weitere Determinanten, wie die Belastung durch die Arbeitsaufgabe, die Arbeitsrolle, Herausforderungen aus

---

[278] Vgl. Brandenburg, U.; Nieder, P. (2009): Betriebliches Fehlzeiten-Management, S. 19

[279] Vgl. Heckhausen, D. (2000): Einflussfaktoren auf Fehlzeiten, S. 110 ff.

[280] Vgl. Chojnacki, M. (1982): Eine Typologie der psychosozialen Mitursachen des krankheitsbedingten Absentismus. S.174

[281] Vgl. Elshout, R.; Scherp, E.; van der Feltz-Cornelis, C.M. (2013): Understanding the link between leadership style, employee satisfaction, and absenteeism, S. 823

[282] Vgl. Vogt, J.; Schnee, M. (2012): Führung als Moderator von Gesundheit, S. 269 ff.

der materiellen Umgebung, aus dem Personalsystem und der sozialen Belastung, die zum Absentismus führen.[283] [284]

Turgut, Sonntag et al. (2013) ergänzen zum Führungsverhalten weitere vier Faktoren, darunter den Arbeitsplatz, das Individuum, das Team und die Organisation, die sie in einer Liste weiter spezifizieren und in „Ressourcen" und „Anforderungen" unterteilen.[285]

6.3 Betriebsklima und Stress (-erleben)

Bereits in Kapitel 2.3 wird das Betriebsklima wiederholt als Einflussfaktor und Ursache für einen aufkommenden Absentismus thematisiert. Als arbeitsbezogene Determinanten kann von der Führungskraft nur bedingt darauf Einfluss genommen werden.

Somit kommt dem Thema „Betriebsklima" eine besondere Bedeutung zu. Von seiner Qualität hängen sehr wesentlich die Arbeitsmotivation und das Erleben der Arbeit, das individuelle Wohlbefinden und die Arbeitsqualität sowie -quantität ab.[286]

---

[283] Vgl. Schmidt, B. (2011): Transformationale und transaktionale Führung als erfolgreicher Führungsstil für Leistung und Gesundheit, S. 42 ff.

[284] Vgl. Wenderlein, F. U. (2003): Arbeitszufriedenheit und Fehlzeiten in der Krankenpflege, 620 ff.

[285] Vgl. Turgut, S.; Sonntag, K.; Michel, A. (2013): Arbeitspsychologische Fehlzeitenanalyse, S. 233 ff.

[286] Vgl. v. Rosenstiel, L. (Hrsg.); Bögel, R. (2001): Betriebsklima geht jeden an, 4.Auflg Bayerischen Staatsministerium für Arbeit und Sozialordnung, Familie, Frauen und Gesundheit, München. S. 17

Die betriebsklimatischen Erfahrungen wirken dabei sogar auch in den Freizeitbereich, z. B. in die Familie, hinein.[287]

Betriebsklima

Das Wort „Betriebsklima" wird in verschiedenen Zusammenhängen verwendet und bezeichnet meist die Arbeitszufriedenheit, Arbeitsmoral oder das Organisationsklima.[288] Im Fokus steht das subjektive Erleben eines Unternehmens durch seine Mitarbeiter bei Abläufen der zwischenmenschlichen Interaktion und Kommunikation.[289] Das Erleben und Verhalten von Individuen ist dabei nicht einseitig an eine Person gebunden, sondern unteranderem die Summe der Wechselbeziehungen von Individuum und Situation.[290] Zu den Facetten des Betriebsklimas gehören die Arbeitsplatzbedingungen, Arbeitstätigkeit, Ausführungsspielraum, Leistungsbeurteilung, Aus- und Weiterbildungen, Aufstiegsmöglichkeiten, Informationsbedingungen, Kollegenbeziehungen, Organisation, Arbeitsplatzsicherung, Firmenstil, Firmenimage, Bindung ans Unternehmen, Bezahlung und Sozialleistungen.[291] Im Zusammenhang mit dem Betriebsklima wird oftmals die Arbeitszufriedenheit genannt, da sich beide Faktoren kaum voneinander trennen lassen.[292] Auf die oben genannten Facetten des Betriebsklimas kann die Führungskraft des mittleren Managements nur bedingt Einfluss nehmen, da sie im Unternehmen an Grenzen der

---

[287] Vgl. v. Rosenstiel, L.; Bögel, R. (2001): Betriebsklima geht jeden an, S. 17

[288] Vgl. v. Rosenstiel, L.; Bögel, R. (2001): Betriebsklima geht jeden an, S. 17

[289] Vgl. v. Rosenstiel, L.: Bögel, R. (2001): Betriebsklima geht jeden an, S. 17

[290] Vgl. v. Rosenstiel, L.; Bögel, R. (2001): Betriebsklima geht jeden an, S. 17

[291] Vgl. v. Rosenstiel, L.; Bögel, R. (2001): Betriebsklima geht jeden an, S. 28

[292] Vgl. v. Rosenstiel, L.; Bögel, R. (2001): Betriebsklima geht jeden an, S. 28

Unternehmensform, ihren Mitarbeitern, anderen Vorgesetzen oder Organen stößt. So ist z. B. eine Aufstiegsmöglichkeit nicht nur abhängig vom Vorgesetzten, sondern wird auch durch den Betriebs- bzw. Personalrat bestimmt. Hier liegt die Möglichkeit der Führungsperson darin, seine Mitarbeiter für die Position möglichst gut aus- und weiterbilden zu lassen, womit sich die Kompetenzen des Mitarbeiters steigern und sich so die Chance erhöht, für die vorgesehene Position die bessere Wahl zu sein. Wenig Spiel lässt die Arbeitsplatzsicherung, da diese meist abhängig ist von der Konjunktur und dem Sozialplan des Unternehmens. Gehälter und Sozialleistungen sind vielfach an Tarifverträge gebunden und können in bestimmten Betriebsformen und Positionen wegen des Gleichstellungs- bzw. Gleichberechtigungsgesetzes[293], nicht verändert werden.

Die Kollegenbeziehung ist ein wesentlicher Bestandteil des Betriebsklimas. Hier kann die Führungsperson nur die Rahmenbedingungen schaffen, um diese positiv zu fördern.[294] In erster Linie ist es die Aufgabe der Mitarbeiter selbst, das Verhältnis zu den Kollegen zu gestalten und menschlich freundlicher zu machen.[295] Hier zählt im Wesentlichen die Gesprächsbereitschaft der Mitarbeiter und ihr Grad an menschlicher Reife, auch im Hinblick auf die Gesprächsfähigkeit.[296]

Auch wenn eine angenehme Arbeitsatmosphäre der Einflussnahme der Führungsperson Grenzen setzt, trägt das Verhalten des Vorgesetzten zu einem guten Betriebsklima maßgeblich

---

[293] Vgl. Art. 3, Abs. 2 AGG

[294] Vgl. v. Rosenstiel, L. (2001): Betriebsklima geht jeden an, S. 87

[295] Vgl. v. Rosenstiel, L. (2001): Betriebsklima geht jeden an, S. 87

[296] Vgl. v. Rosenstiel, L. (2001): Betriebsklima geht jeden an, S. 87

bei und kann dieses fördern.[297] Dadurch besteht nicht nur die Möglichkeit den Absentismus zu verringern, sondern auch die Fluktuationsrate zu mindern, die Motivation zu steigern und eine potenzielle „innere Kündigung" der Mitarbeiter zu verhindern.[298] Nicht nur das Betriebsklima, sondern auch arbeitsbezogener Stress hat einen direkten Einfluss auf Absentismus.[299] Beide Punkte werden dem Vorgesetztenverhalten auf der personellen und arbeitsbezogenen Ebene zugeordnet, wie die oben aufgeführten Studien belegen.

Stress (-erleben)

Kapitel 2.3 dieser Arbeit, wie auch ausführlich die Studie von Rowold, et al. (2008), haben erläutert, wie sich das Führungsverhalten auf den Faktor Stress der Geführten auswirkt, die Arbeitszufriedenheit bzw. -motivation bedingt und zum Absentismus führt.[300] Unter diesem Aspekt werden auch in einigen anderen Studien, Stress bzw. psychische Belastungen als Determinanten für Absentismus genannt.

> „Psychische Belastungen in der Arbeitswelt und damit assoziierte negative Folgen für die Gesundheit von Erwerbstätigen werden aktuell in der Öffentlichkeit verstärkt unter dem Begriff Burnout diskutiert".[301]

---

[297] Vgl. v. Rosenstiel, L. (2001): Betriebsklima geht jeden an, S. 87

[298] Vgl. v. Rosenstiel, L. (2001): Betriebsklima geht jeden an, S. 35

[299] Vgl. Kapitel 6.2., Führungsunabhängige Faktoren, S.46 ff.

[300] Vgl. Rowold, J.; Heinitz, K. (2008): Führungsstile als Stressbarrieren, S. 137

[301] Badura, B.; Ducki, A.; Schröder, et al. (2015): Fehlzeiten-Report 2015, S. 71

An dieser Stelle muss jedoch eingeschränkt hinzugefügt werden, dass das Stresserleben und die Gesundheit eines Menschen in einem hohen Maß vom subjektiven Erleben und von der Bewertung der Situation abhängt.[302] Dieser Prozess hat einen entscheidenden Einfluss darauf, wie der Stress empfunden wird und entscheidet darüber, welche weiteren Prozesse in Gang gesetzt und welche Entscheidungen getroffen werden.[303] Essentielle Regulationsmöglichkeiten, die positiv auf das Stresserleben einwirken, die allgemeine Gesundheit fördern und sich entsprechend negativ auf die Anzahl der Fehlzeiten auswirken, sind ein gutes Management und soziale Beziehungen.[304] Eine gute Mitarbeiterführung die einen großen Handlungs- und Entscheidungsspielraum einräumt, kann zur Stressreduzierung beitragen und die Ressourcen der Mitarbeiter aktivieren.[305]

Somit trägt auch maßgeblich zur Stressreduzierung ein ausgewogenes Betriebsklima zwischen den Beschäftigten und im Verhältnis zu dem Vorgesetzten dazu bei.[306]

---

[302] Vgl. Kapitel 2.3: Psychische Belastungen, S. 14 ff.

[303] Vgl. Kapitel 2.3: Psychische Belastungen, S. 14 ff.

[304] Vgl. Badura, B.; Ducki, A.; Schröder, et al. (2015): Fehlzeiten-Report 2015, S. 18

[305] Vgl. Badura, B.; Ducki, A.; Schröder, et al. (2015): Fehlzeiten-Report 2015, S. 18

[306] Vgl. Badura, B.; Ducki, A.; Schröder, et al. (2015): Fehlzeiten-Report 2015, S. 18

6.4 Grenzen einer „gesunden" Führung

Die ausgewerteten Studien haben verdeutlicht, wie essentiell eine „gesunde Führung" in der heutigen Zeit für Unternehmen, deren Produktivität und Geschäftserfolg ist. Unter „gesunder" Führung ist die nachhaltige Leistungsfähigkeit der Arbeitnehmer, bei steigenden Anforderungen und hoher Arbeitslast zu verstehen und wird als Grundhaltung im gelebten Führungshandeln gesehen.[307] Dies bedeutet das Mitarbeiter robuste Resilienz, also Wiederstands- und Transformationsfähigkeiten entwickeln müssen um in der komplexen und dynamischen Berufswelt nicht unter Druck zu geraten und mit Symptomen wie Burnout und Depression zu reagieren, welche drastische Auswirkungen auf die Unternehmen haben.[308]

In Kapitel 6.2. wurden einige Grenzen in der Unternehmensform, ihrer Mitarbeiter, anderen Vorgesetzen oder Organen aufgezeigt. Die Grenzen liegen im Wirkungsbereich der gesunden Führung, wo andere Einflussfaktoren ihre Wirkung entfalten. Sehr schwierig oder teilweise unmöglich ist die Einflussnahme der Führungsperson auf den privaten und personellen Bereich des Geführten. Der Vorgesetzte kann allenfalls mittels Gesprächen diesen Bereich eruieren und innerhalb der Unternehmensstrukturen Lösungsangebote anbieten und den Mitarbeiter damit unterstützen oder, -viel wichtiger- seine aktuelle Haltung verstehen.

---

[307] Vgl. Hänsel, M.; (Hrsg.); Kaz, K.(Hrsg.) (2016): CSR und gesunde Führung. Werteorientierte Unternehmensführung und organisationale Resilienzsteigerung. Berlin, Heidelberg: Springer Gabler, S. 2

[308] Vgl. Hänsel, M.; (Hrsg.); Kaz, K.(Hrsg.) (2016): CSR und gesunde Führung, S. 30

Die zweite Grenze der gesunden Führung stellt die Führungsperson selbst dar. Die „Führung" stellt die führende Persönlichkeit vor zahlreiche Herausforderungen und lässt sie gerade im mittleren Management immer wieder *zwischen den Stühlen sitzen"*. Die Führungskräfte erleben in der Praxis oftmals den Konflikt, dass sie vom Management vorrangig für die Leistungswerte, von den Mitarbeitenden jedoch für die Berücksichtigung der Beziehungswerte verantwortlich gemacht werden.[309] [310] Hier besteht gerade für sehr engagierte Vorgesetzte das Risiko selbst gefährdet zu werden und die eigene Gesundheit aufs Spiel zu setzen, in dem sie alle Handlungen der Gesundheit und dem Wohlbefinden der Mitarbeiter unterordnen.[311]

6.5 Das Mittelmanagement zwischen Führungskompetenz und Fehlzeitenreduktion

Absentismus kann als passive Bewältigungsstrategie bzw. funktionale Coping-Strategie der Mitarbeiter angesehen werden.[312] Er dient den anwendenden Mitarbeitern als Rückzug aus der Arbeitslast und den damit verbundenen arbeits-

---

[309] Vgl. Badura, B.; Ducki, A.; Schröder, H.; et al. (2011): Fehlzeiten-Report 2011, S. 7

[310] Vgl. Hänsel, M.; (Hrsg.); Kaz, K.(Hrsg.) (2016): CSR und gesunde Führung, S. 139

[311] Vgl. Hänsel, M.; (Hrsg.); Kaz, K.(Hrsg.) (2016): CSR und gesunde Führung, S. 139

[312] Vgl. Ziegler, E.; Udris, I.; Büssing, A.; et al. (1996), Ursachen des Absentismus, S. 205

bedingten Stressoren sowie einer Überforderung.[313] Der Betroffene stellt durch einen kurzfristigen Absentismus seine Gesundheit und Arbeitskraft wieder her.[314] Somit kann man Absentismus auch positiv als eine Art von Burnout-Prophylaxe ansehen, da durch eine kurzfristige Abwesenheit evtl. mögliche längere Krankheitszeiten verhindert werden können. Spätestens an diesem Punkt sollte die Führungsperson die Gründe für den Absentismus eruieren.

Die Chance für das mittlere Management liegt darin, den persönlichen Führungsstil zu reflektieren -vor allem die Selbstwahrnehmung (eigene Einschätzung) mit der Fremdwahrnehmung (Einschätzung der Geführten) abzugleichen – und sich zu fragen, ob dieser einen Beitrag zum Absentismus der Mitarbeiter leistet. Dies setzt jedoch voraus, dass die Führungsperson schon über soziale (Management-) Kompetenzen verfügt, die vorher langfristig erworben werden müssen.[315] Weiter sollte sie wichtige Führungsmodelle kennen und diese auch beherrschen.[316] Wichtig ist auch die persönliche (psychische) Gesundheit der Führungskraft selbst, um in der Lage zu sein, die Mitarbeiter adäquat zu führen und eine Stütze in der Bewältigung der Arbeitsbedingungen bzw. bei neu wieder auftretenden Herausforderungen zu sein.[317] Ein weiterer wesentlicher

---

[313] Vgl. Ziegler, E.; Udris, I.; Büssing, A.; et al. (1996), Ursachen des Absentismus, S. 205

[314] Vgl. Ziegler, E.; Udris, I.; Büssing, A.; et al. (1996), Ursachen des Absentismus, S. 205

[315] Vgl. Heckhausen, D. (2000): Einflussfaktoren auf Fehlzeiten, S. 116

[316] Vgl. Frey, D.; Schmalzried, L. K. (2013): Philosophie der Führung, S. 37

[317] Vgl. Badura, B.; Ducki, A.; Schröder, H.; et al (2011): Fehlzeiten-Report 2011, S. 8 ff.

Schritt ist es, seine Mitarbeiter in ganzheitlicher Betrachtung zu führen. Dies bedeutet, sich aktiv mit den Mitarbeitern auseinanderzusetzen und sich Zeit zu nehmen, um sie mit ihren Erwartungen, Ressourcen, Bedürfnissen und Sorgen kennenzulernen.[318] Somit besteht die Möglichkeit zu erfahren, welche Probleme bzw. Stressoren die Mitarbeiter belastet. Hier bietet sich an, in verschiedenen Gesprächskonstellationen mit den Mitarbeitern über die aktuelle Situation zu reden und gemeinschaftlich eine Lösungsstrategie zu entwickeln.[319] Gelingt es nicht, den Absentismus zu verringern bzw. zu verhindern, kommt es, wie oben schon beschrieben, zur „Abwärtsspirale". Die fehlzeitenbedingte Abwesenheit von Mitarbeitern führt dazu, dass die anwesenden Kollegen durch die zu kompensierende Arbeit überfordert werden. Dies kann zur Folge haben, dass sich letztere ebenfalls abmelden und weitere Personallöcher in den Dienstplan gerissen werden. Weitaus gravierendere Auswirkungen hätte es, wenn die Mitarbeiter durch die langanhaltende Kompensation der überfordernden Arbeitslast an psychischen Erkrankungen wie Burnout und Depression erkranken und dies zu Langzeitkrankheitsausfällen führen würde.

Ein weiterer mit dem Absentismus verbundener Risikofaktor ist nicht nur der Produktivitätsverlust, sondern vor allem der Qualitätsverlust. Gerade in einem Krankenhaus führt die Überforderung und Demotivation bei den Pflegenden zu einem

---

[318] Vgl. Furtner, M. (2016), Effektivität der transformationalen Führung, S. 23

[319] Vgl. Brandenburg, U.; Nieder, P. (2009): Betriebliches Fehlzeiten-Management, S. 108/115

Verlust der Patientenorientierung und Patientensicherheit oder zu einer mangelnden Versorgungsqualität.[320] Dies gilt es unbedingt zu verhindern, da besonders hinsichtlich der Patientensicherheit kritische Ereignisse zu einer gravierenden Schädigung der menschlichen Gesundheit führen können. Daher sollte es allen Führungskräften ein großes Anliegen sein, einen motivationsbedingten Absentismus innerhalb ihres Handlungskorridors aktiv zu verringern bzw. möglichst zu verhindern. Nicht nur, dass dadurch die Zufriedenheit und Lebensqualität der Mitarbeiter gesteigert, sondern auch die Versorgungsqualität und die Sicherheit der Patienten gewährleistet würde. Hierdurch wiederum erfährt auch der Patient ein hohes Maß an Zufriedenheit und Lebensqualität.

---

[320] Vgl. Marckmann, G. (2014): Zahlt sich Ethik aus, S. 157

7 Fazit

Im Mittelpunkt der vorliegenden Arbeit steht der Absentismus, das Fernbleiben von Arbeitnehmer von ihrem Arbeitsplatz aus nichtkrankheitsbedingten, motivationalen Gründen. Die negativen Auswirkungen dieser aktuellen Problematik auf die Unternehmen lenkt den Blick auf die personelle Führungsebene zwischen Vorgesetzten und Mitarbeitenden. Auf der Grundlage einer breiten Forschungsliteratur wurde deshalb untersucht, welchen Einfluss das Führungsverhalten des leitenden Personals auf den Absentismus der Angestellten hat und welcher Führungsstil Absentismus womöglich zu verringern bzw. zu verhindern mag. Daraus abgeleitet galt es zu klären, welche Chancen, aber auch welche Gefahren diese Einflussmöglichkeiten des Absentismus insbesondere für das betroffene mittlere Management beinhalten.

Auch wenn nicht eindeutig das Ausmaß beziffert werden konnte inwieweit der Einfluss tatsächlich reicht, so ließ sich zeigen, dass der Führungsstil -neben anderen Determinanten- den Absentismus nicht unwesentlich beeinflussen kann. In einigen Studien nahmen die anderen Determinanten den gleichen, wenn nicht sogar einen höheren Einfluss, auf den Absentismus.

Grundlegend wurde aber zwischen den verschiedenen Führungsstilen unterschieden, die den Absentismus positiv beeinflussen bzw. verstärken, wie den autokraten, autoritären sowie Laissez-faire-Führungsstil und denjenigen die den Absentismus negativ beeinflussen bzw. also diesen mindern. So erwies sich in einer stabilen Umwelt der situative Führungsstil als ideales Führungsmodell.

In Zeiten der Restrukturierung des Unternehmens oder in „turbulenten Zeiten" war der transformationelle Führungsstil, zumindest als kurzfristiger Lösungsansatz, ideal.

Gleichzeitig wurde deutlich, dass von den Führungskräften hohe soziale Kompetenzen gefordert werden. Sie müssen nicht nur sich und ihren Führungsstil – möglichst objektiv – selbst reflektieren können, sondern auch über eine gute Auffassungs- und Beobachtungsgabe hinsichtlich der Mitarbeiter und des Unternehmens verfügen. Denn nur so ist es möglich auf die Bedürfnisse der Mitarbeiter einzugehen und diese in Einklang mit den wirtschaftlichen Zielen und der Unternehmenskultur zu bringen. Gleichzeitig muss den Vorgesetzten bewusst werden, wo die Grenzen der „gesunden" Führung liegen und wie man durch andere Mittel diese bewältigt oder kompensiert. Somit kann eine sogenannte „gesunde" Führung nur bis zu einem gewissen Grad das Wohlbefinden der Mitarbeiter beeinflussen und einen möglichen Absentismus mindern. Die Grenzen der gesunden Führung liegen damit unter anderem außerhalb des Wirkungsbereiches oder enden dort wo andere Einflussfaktoren beginnen.

Literaturverzeichnis

Bancroft, John: Grundlagen und Probleme menschlicher Sexualität. Ferdinand Enke Verlag, Stuttgart 1985

Albach, Horst (2001): Personalmanagement 2001. Wiesbaden: Gabler.

Badura, Bernhard; Ducki, Antje; Schröder, Helmut; Klose, Joachim; Meyer, Markus (Hrsg.) (2017): Fehlzeiten-Report 2017. Empfehlungen und Leitlinien als Handlungsform der Europäischen Finanzaufsichtsbehörden. Eine dogmatische Vermessung. Berlin, Heidelberg: Springer.

Badura, Bernhard, Ducki, Antje; Schröder, Helmut; Klose, Joachim; Meyer, Markus (Hrsg.) (2015): Fehlzeiten-Report 2015. Neue Wege für mehr Gesundheit – Qualitätsstandards für ein zielgruppenspezifisches Gesundheitsmanagement. Berlin, Heidelberg: Springer.

Badura, Bernhard; Ducki, Antje; Schröder, Helmut; Klose, Joachim; Macco, Katrin (Hrsg.) (2011): Fehlzeiten-Report 2011. Führung und Gesundheit. Berlin, Heidelberg: Springer.

Brandenburg, Uwe; Nieder, Peter (2009): Betriebliches Fehlzeiten-Management. Wiesbaden: Gabler; Springer. Bundesministerium für Gesundheit; Referat Öffentlichkeitsarbeit (Hrsg.) (2017): Daten des Gesundheitswesen 2017.Berlin: Bundesministerium für Gesundheit

Conzen, Christel; Freund, Jutta; Overlander, Gabriele
(2009): Pflegemanagement heute. Ökonomie, Personal, Qualität: verantworten und organisieren. 1. Aufl.
München: Elsevier Urban & Fischer.

Elshout, Rachelle; Scherp, Evelien; v. d. Feltz-Cornelis,
Christina M. (2013): Understanding the link between
leadership style, employee satisfaction, and absenteeism. A mixed methods design study in a mental health
care institution. In: Neuropsychiatric disease and treatment 9, S. 823–837.

Frey, Dieter; Schmalzried, Lisa Katharin (2013): Philosophie der Führung. Gute Führung lernen von Kant,
Aristoteles, Popper & Co. Berlin, Heidelberg: Springer.

Furtner, Marco (2016): Effektivität der transformationalen
Führung. Helden, Visionen und Charisma. Wiesbaden:
Springer Gabler.

Furtner, Marco; Baldegger, Urs (2013): Self-Leadership und
Führung. Theorien, Modelle und praktische Umsetzung. Wiesbaden: Springer Gabler.

Geyer, Helmut (2013): Praxiswissen BWL. Crashkurs für
Führungskräfte und Quereinsteiger. Freiburg: Haufe-
Lexware.

Hager, Reiner (2015): Qualitätsmanagementsysteme – Anforderungen (ISO 9001:2015). DIN EN ISO. Berlin:
Beuth.

Hänsel, Marcus; (Hrsg.); Kaz, Karl (Hrsg.) (2016): CSR und
gesunde Führung. Werteorientierte Unternehmensführung und organisationale Resilienzsteigerung.
Berlin, Heidelberg: Springer Gabler.

Heckhausen, Dorothee (2000): Einflussfaktoren auf Fehlzeiten und Maßnahmen dagegen. In: Organisationsberatung, Supervision, Coaching 7 (2), S. 109–120.

Holtbrügge, Dirk (2018): Personalmanagement. 7. Auflage. 2018. Berlin, Heidelberg: Springer.

Marckmann, Georg (2014): Zahlt sich Ethik aus? Notwendigkeit und Perspektiven des Wertemanagements im Krankenhaus. In: Evidenz, Fortbildung und Qualität im Gesundheitswesen (108), S. 157–165.

Marr, Rainer (1996): Absentismus. Der schleichende Verlust an Wettbewerbspotential. Göttingen: Verl. für Angewandte Psychologie.

Menche, Nicole; Asmussen-Clausen, Maren (Hrsg.) (2011): Pflege heute. Lehrbuch für Pflegeberufe; 5., vollständig überarbeitet. Auflage, München: Elsevier Urban & Fischer.

Notenbomer, Annette; Roelen, Corné A. M.; van Rhenen, Willem; Groothoff,Johan W. (2016): Focus Group Study Exploring Factors Related to Frequent Sickness Absence. In: PlOS one 11 (2).

Pietzner, Gunnar (2007): Krankenstands- und Arbeitslosenquote in Deutschland. Eine ökonomische Perspektive. Zugl.: Witten/Herdecke, Univ., Diss., 2006. 1., Aufl. München: Hampp.

von Rosenstiel, Lutz; Bögel, Rudolf (Hrsg.) (2001): Betriebsklima geht jeden an! Bayerischen Staatsministerium für Arbeit und Sozialordnung, Familie, Frauen und Gesundheit. München.

Rowold, Jens; Heinitz, Kathrin (2008): Führungsstile als Stressbarrieren. In: Zeitschrift für Personalpsychologie 7 (3), S. 129–140.

Schirmer, Uwe; Woydt, Sabine (2016): Mitarbeiterführung. 3., akt. u. erw.- Aufl., Berlin, Heidelberg: Gabler.

Schmidt, Burkhard (2011): Transformationale und transaktionale Führung als erfolgreicher Führungsstil für Leistung und Gesundheit? Eine kritische Überprüfung des „Full Range of Leadership"-Konzeptes für das betriebliche Gesundheitsmanagement. Dissertation. Fakultät Theologie und Humanwissenschaften der technischen Universität Dortmund. Dortmund.

Schmohl, Michael (2014): Strategien zur Vermeidung betrieblicher Fehlzeiten. Darstellung am Beispiel einer fiktiven GmbH & Co. KG, Hamburg: Igel.

Schreuder, Jolanda A. H.; Roelen, Corné A. M.; van Zweeden, Nely F.; Jongsma, Dianne; van der Klink, Jac J. L.; Groothoff, Johan W. (2011): Leadership styles of nurse managers and registered sickness absence among their nursing staff. In: Health care management review 36 (1), S. 58–66.

Thommen, Jean-Paul; Achleitner, Ann-Kristin; Gilbert, Dirk Ulrich; Hachmeister, Dirk; Kaiser, Gernot (Hrsg.) (2017): Allgemeine Betriebswirtschaftslehre. 8., vollst. überarb. Aufl. Wiesbaden: Springer Gabler.

Turgut, Sarah; Sonntag, Karlheinz; Michel, Alexandra (2013): Arbeitspsychologische Fehlzeitenanalyse — ein Mehrebenenmodell. In: Zeitschrift für Arbeitswissenschaft. 67 (4), S. 233–242.

Udris, Ivars: Absentismus – Definitionen, Formen, Erklärungsmodelle. Eidgenössische Technische Hochschule Zürich. Zürich. http://www.individual-coaching.ch/pdfs/absentismus.pdf.(abgerufen, am 3.3.2018)

Statista.com: https://de.statista.com/statistik/daten/studie/253053/umfrage/absentismus-und-praesentismus-im-krankheitsfall-in-deutschland/ (abgerufen, am 06.03.2018)

Statista.com: https://de.statista.com/statistik/daten/studie/191741/umfrage/unternehmenskosten-durch-praesentismus-pro-mitarbeiter-und-jahr/ (abgerufen, am 06.03.2018)

Vogt, Joachim; Schnee, Melanie (2012): Führung als Moderator von Gesundheit, Absentismus und Präsentismus bei Restrukturierungsprozessen. In: Z. Arbeitswissenschaft 66 (4), S. 269–276.

Wenderlein, F. U. (2003): Arbeitszufriedenheit und Fehlzeiten in der Krankenpflege. Untersuchung an 1021 Examinierten und Schülern. In: Gesundheitswesen (65), S. 620–628.

Ziegler, Elke, Udris, Ivars; Büssing, André; Boos, Magarete; Baumann, Uwe (1996): Ursachen des Absentismus: Alltagsvorstellungen von Arbeitern und Meistern und psychologische Erklärungsmodelle. In: Zeitschrift für Arbeits- und Organisationspsychologie (40), S. 204–208.